「私」という夢から覚めて、わたしを生きる

非二元・悟りと癒やしをめぐるストーリー

中野真作
Nakano Shinsaku

シバブックス
SIBAA BOOKS

はじめに

今、多くの人が目覚め始めています。

これまではあまりにも当たり前で疑問に思ったことすらなかった「自分とはこんなもの」「世界とはこんなもの」という思い込みが緩み始め、世界のもう一つの側面に気づき始めています。

覚醒へと、悟りへと至るこのプロセスは、その時期がくれば誰もが経験する可能性のある、人間としての自然な出来事なのですが、分離した自我の視点から見ると驚くべき冒険のように感じられて、恐れや不安を感じることもあります。まるで自分がなくなるかのように感じられるからです。

でも、心配はいりません。私たちは皆、目覚めるために生まれています。

人生がうまくいっていないときはもちろんのこと、一見うまくいっているときでさえ、心の奥深いところで微妙な違和感を感じることがあります。

「人生とはこんなものなのだろうか」

「生きるということは本当にこれだけなのだろうか」

普段の日常生活の中ではほとんど隠されてしまい見えなくなっている人生のもう一つの側面があるのです。古くから多くの人がさまざまな言葉を使ってそれを表現してきました。

大いなるもの　意識　気づき　存在そのもの　光　神　仏　一者

言葉だけを聞くと自分とは縁遠いもののように感じるかもしれませんが、それはあなたのすぐ近くにあります。近くという言葉がもどかしいほどあなた自身と一つなのです。

これらの言葉が指し示している世界のもっとも深いリアリティに気づいたとき、人生の中で感じる微妙な違和感は消えていきます。

自分がこの肉体を持ってこの世界の中に生まれてきた意味がわかるのです。

私は、今から28年前の23才のとき、生きることの苦しみに悶々としている最中、特にそれを求めて探求していたわけではなかったのに、突然もう一つのリアリティに一瞬触れる体験をしました（スピリチュアルな分野では一瞥《いちべつ》体験、覚醒体験などと表現されています）。

その体験のおかげで「自分は助かった」という思いが生まれた一方で、すぐにすっかり楽になったわけではなく、そこから人間としての自分を癒すプロセスが始まったのです。

真のリアリティに気づくことは比較的簡単です。しかし、その気づきをこの肉体として生きている一人の人間の人生に統合していくにはある程度の時間がかかります。そして、その統合のプロセスには、人間としての痛みや苦しみを多く抱えている人ほどさまざまな困難が待ち受けています。

でもやがて、すべての体験が「そこ」に向かって自分を導いてくれていたことに気づきます。

人生の中に無駄なことは何一つないのです。

この本は私のこの28年間の内的探求の歴史とそこから得られた気づきをまとめたものです。

すべての人が同じ体験をするわけではありませんが、覚醒のプロセス、真の癒しのプロセスの中では想像もしなかった出来事に出会うことがあります。

もし、今あなたがかつての私と同じような苦しみをともなう目覚めのプロセスを歩んでいるのなら、この本は大きな手助けになることでしょう。

目覚めや悟りのことはよくわからないけれどなぜか生きることが苦しい、どうしたらここから抜け出せるのだろうか、と考えている方には、今はまだ見えなくとも必ずそこから抜け出す道があるのだ、ということを感じていただけるはずです。


この本は3部にわかれています。

第1部は1998年、23才の頃に経験した一瞥体験について振り返った文章を中心にまとめました。

第2部は2010年頃から書き始めたブログから、「私」という夢から目覚めていくプロセスの中で感じたさまざまな気づきについてまとめています。

第3部は、2014年に突然やってきた腰痛という恩寵と、そこからもたらされた気づきについて、まとめました。


この本で皆さんにお伝えしようとしていることの本質は、本来は言葉では表現できないものです。この本の中には読んでもよく意味がわからない文章があるかもしれません。

ここに書かれていることを頭で理解しようとしたり、そのまま信じようとする必要はありません。まるで詩を読むように、文章を読んだときに自分の内側で起こる反応をよく感じて味わってみて下さい。心に響く言葉があったときは、その言葉を何度もはんすうして、自分の内側に響かせてみて下さい。やがてあなたの中にもともとあった真実が自然と目覚め始めます。すべては自分の中にある、という言葉の意味がわかってくるのです。

では、ご一緒に魂の旅へと出かけましょう。

目次

第1部　最初の体験～ストーリーにひびが入る

3章　探求の中へ

第2部　気づき～ストーリーから抜け出す

第3部　帰還〜ストーリーを生きる

1章　腰痛という恩寵

2章　感情を扱う

3章　さまざまな「目覚め」

エピローグ

第1部　最初の体験～ストーリーにひびが入る

1章　子宮に還る

ただ苦しかった日々

私は1965年、福岡県の小さな商売をしている家で生まれ、大学に入るまでの18年間をそこで過ごしました。私が生まれる5日前に家と店舗が火事で全焼し、実家に戻って私を生んでくれた母の心労は想像に難くありません。

その後お店は再建され、高度経済成長の波に乗って経済的には何不自由ない生活を送る一方で、精神的には満たされない感覚があったのかもしれません。小学校6年まで毎日のようにおねしょをしていました。目が覚めて布団に生暖かい感触を感じたときのやるせなさは今でも心の奥に染み付いています。中学に入る頃には人前ではものすごく緊張してしまい、吃って何もしゃべれない人になっていました。

なんだかわからないけれど、生きていることそのものが苦しい、そんな感覚をより深く自覚するようになった大学時代、最初の1年は講義にも出ていましたが、やがて、多少のアルバイトをする他は本ばかり読む生活になりました。その本もフロイトやユングといった心理学関係か哲学関係がほとんどです。

それは、将来心理的な仕事をしたかったためではなく、自分はどこかおかしいのではないか、と漠然と考えていたからだと思います。

そもそも私が経済学部に進んだのは、別に経済学に興味を持っていたわけではなく、文科系にしてはちょっとだけ数学の成績もよかったし（もともと理科系志望でしたから）、実家が商売をしていたので文学部よりは「潰しがきく」だろうと考えたからです。

初めてマルクスを読んで「搾取」という概念を知ったときには、ちょっとした感動はありましたが、「この発想はマルクス自身の生い立ちと関連があるのでは？」なんて、すぐにフロイト的に解釈してしまうような、精神分析かぶれの学生でした。

人とのコミュニケーションが苦手で本ばかり読んでいた私にとって、卒業時に一般企業へ就職することは選択肢の中になく、現実社会を避けるように大学院に進みました。

文科系の大学院まで進んでしまうと、将来は大学の先生しか道はない、と考えていましたから、自分の経済学に関する学力のなさを恥じて、大学院1年のときはがむしゃらに勉強しました。大学院の講議の他、学部の基礎的な講議にまで出席した時期もあったと思います。学部時代に経済学をしっかりやっておかなかった穴埋めをしようとしたのでした。

パニック

一瞥体験の最初のきっかけとも言える体験をしたのは1988年の2月でした。大学院での最初の1年が終わり、春休みで実家に帰っていたのです。無我夢中で勉強していた1年間でした。勉強することで空虚な自分をなんとか維持していた感じがします。

少し前に「燃え尽き症候群」という言葉がよく取り上げられたことがありましたが、まさしくそれでした。私の場合は、まだサラリーマンのように社会的な責任をそれほど担っていたわけではなかったので、周囲の人に与える影響が大きくなかったことだけが不幸中の幸いだったのかもしれません。

子どもの頃から周囲の期待に添うことを無意識に学び、本当の自分の姿を押し殺して生きてきました。人からよく見られ、人から受け入れられることが最大の価値基準になっていたような気がします。

そうしていくと、いつのまにか外から見れば一見立派な仮面を身につけることができますが、内面は空っぽでいつも不安を感じていることになります。とはいっても、私は「感じる」ことそのものを長い間抑圧していたので、その不安すらほとんど感じ取ることができなくなっていました。私にとっての癒しと目覚めのプロセスは、長い間に溜め込んでいた膨大な「不安」に直面することから始まるのですが、それはもう少し後の話になります。

最近、インターネットを通していつでも誰かとつながっていないと不安を感じる人たちや、パニック症候群のように突然不安に襲われてコントロールがきかなくなる症状を持つ人が増えていますが、根っこの部分はみな同じなのではないかと思います。

自分の内側にしっかりしたものを持っていないために、神経症的に外とのつながりを求める。内側にあるいろんな感情を感じとってあげることができないために、それが突然の不安として現れてくる。どれも同じプロセスが違った形で表現されているように見えます。

当時の私は、さまざまな感情、感覚、内的な欲求を極限まで無視し続けていました。大学院の最初の1年間を通して、少しずつ身体の調子を壊していき、心理的にも不安定になっていきました。

それまでは勉強することで覆い隠していた不安や空虚感を、今度は口から食べ物を取り入れることで埋めようとし始めたのです。体重がどんどん増え続けました。どこかおかしいな、と感じながら春休みがやってきました。

最初の症状はいつもの風邪のようなものでした。ちょっと熱っぽくて身体がだるくなる感じ。子どもの頃からお世話になっている病院で風邪薬をもらってきて、早めに寝たりしていました。

今思えば、崩壊への予兆のようなものが確かにありました。なんだかわからない苦しい気分を無意識に伝えようとしたのか、私は家族に向って突然、「もし私が死んでも、……（後半のところは忘れました）」というようなことを言った記憶があります。それは、私のギリギリの苦しみの表現だったような気がします。でも、それを受け止めてもらうことはできず、半ば呆れたような、半ば怒りのこもった反応があり、私はすっかり落胆しました。

ストーリー①

以下の文章は当時の体験を思い出して1996年頃に書いたものです。その頃はまだ自分に起こったことがうまく消化できていなかったので「僕」という主語を使って少しフィクション風の表現になっていますが、すべて私の実体験です。

「死の恐怖」

それは修士課程に進学して最初の冬だった。

その一年間「僕」は必死になって勉強した。後で思えば、異常なくらい。自分は勉強で身を立てていくしかないと思っていた。それなのに、この知識のなさはなんだ？　こんなことではやっていけないぞ。もっと、もっと、勉強しなくちゃ。

大学院本来の講義は一日1コマか2コマしかなかった。なのに、学部の経済原論やゼミをはじめとして、ほとんど毎日、4コマすべて講義に出席していた。それが終わった後、研究会に出席していた日もあったなあ。

「僕」のこころは空虚だった。それを認めるのは怖かった。その空虚さを見ないですむのなら、どんな辛い努力でもした。

冬の気配が深まっていくにつれて、「僕」の身体は少しずつバランスを崩していった。がむしゃらに食べた。２合炊いたご飯を、毎晩一気に食べた。水がほしくてしょうがなく、お風呂で水道の水をがぶがぶ飲んだ。その１年間に５kg以上体重が増えた。

見えないものにせきたてられるように、いつも落ちつきなく、次から次へと作業をこなしていった。あれが終わったらこれをやらなきゃ。こっちが済んだらこんどはあれだな。

どこまでいったら納得できるのだろう。その連鎖の果てに何があるのか？

＊　＊　＊　＊　＊　＊　＊

２月、春休み。「僕」は大学を離れて実家にいた。下宿から送ったダンボール２箱分の本をテーブルの両脇に積み上げて、そこはまるで要塞のようだった。その本の壁に守られるようにして、「僕」は空しい思考の渦に巻き込まれていった。

はじめは風邪をひいたのかと思っていた。微熱が続き、咳が出た。そのころ、インフルエンザが流行していたし、子どものころから通っている病院でも風邪薬をくれただけだった。

しかし、症状はいっこうにおさまらない。身体はますますしんどくなるばかり。「僕」は本を読む気力もなくして、数日間ごろごろ過ごした。

2月の終わりに近いその夜、「僕」は居間とふすま一枚隔てた部屋にふとんを敷いて寝ていた。となりの部屋からは家族の声が聞こえてくる。「僕」の中で何かが飽和したのかもしれない。

何かが起こり始めた。

急に、家族の声が遠くに離れていくような気がした。

天井がどんどん遠くなっていく。

胸が締めつけられるように苦しい。

胸が「キーン」と鳴るくらい締めつけられる。

苦しい、苦しい、何が起こっているんだ。

パニックになった。

声が出ない。胸が張り裂けそうだ。この苦しさはなんなんだ。「僕」はこのまま死んでしまうに違いない。そうだ、死ぬんだ。「僕」はこのまま死んでしまう。「死」。とてつもない恐怖。「僕」は死ぬ。「僕」は死ぬんだー。

そのとき、「僕」のこころの中に奇妙な一連の思考が浮かんできた。

そうか、これから「僕」は死の瞬間を経験することができるんだ。これは生まれて初めての経験だ。死の瞬間ってどんなだろう。なんだかわくわくするな。

そして、不思議な安らぎがやってきた。

「僕」は眠ってしまったのだろうか。

「白い光」

その瞬間、「僕」の中で何かが飽和し、破裂した。だが、その意味がはっきりとわかるもう一つの体験をするのは、まだ半年以上も先である。

＊　＊　＊　＊　＊　＊　＊

大学はちょうど春休みに入ったところだった。しばらくは実家で休んでいても大丈夫ではあった。それにしても苦しい。これは本当にインフルエンザなのか？　食欲が全然ない。３月の半ば10日間ほどはほとんど何も口に入れることができなかった。１ヵ月で体重が10kg減った。

何より、わけのわからない苦しさに苛まれている。身体を動かすのが辛い。横になっていても、四六時中、どうしようもない苦しさに襲われている。さすがに心配になり違う病院に行った。血液検査の結果、肝機能を表わす数字が多少悪化していた。軽い急性肝炎だったのではないか、という診断だった。

それからは、やれ食事療法だの、安静が一番だの、周囲のさわがしかったこと。

でも、何かがおかしい。外に出ようとしても、足が重い。足を引きずるようにして玄関を出るのだが、そこから外へ出て行くことができない。

そして、眠い。とにかく眠い。横になっていても苦しいので、こころ休まるのは眠っているときだけ。「僕」は昼間から暖かい布団の中で眠り続けた。

しばらくすると不思議な感覚がやってきた。昼間、締め切った障子を通して寝室に差し込む白い光の中で眠っていると、なんとも言えない心地よさがやってくる。生まれてこのかたまったく知らなかった感覚だ。その感覚を味わいたくて、また眠る。

しかしながら、当然夜は眠れない。夜が来るのが怖い。深夜放送のラジオから流れてくる声だけを命綱のようにして、夜が明けるのを待つ毎日。夜が明け、部屋が朝の光に満ちたころ、「僕」はまた白い光に包まれて眠る。

結局「僕」は大学を休み、夏までそうやって実家で過ごした。

秋の気配が近づいてくるころ、「僕」は少しずつ外に出ることもできるようになった。そして、ぼんやりと考えた。「いつまでもここにいてはいけない」

大学に戻って何をするのだろう。勉強？　何の？　経済学に対する興味はすっかりなくなっていた。いや、もとからなかったのだ。いやいや、そんなはずはない。それじゃあなんのために勉強していたんだ？

わからない。でも、「僕」はとにかく一人になりたかった。ふらつく身体をかろうじて支えながら、「僕」は下宿のアパートへと戻った。

＊　＊　＊　＊　＊　＊

4月から大学に出ていない「僕」には出席する講義はなかった。1日1回、研究室に顔を出し、夕方には帰って来て寝る生活。あのころ、「僕」は何をしていたのだろう。ただ、かろうじて肉体を維持するだけの生活。

過去のことも未来のことも、「僕」の頭の中にはなかった。

また冬がやってきた。研究室のガスストーブが暖かい。

中間生

この体験で、今でもはっきり覚えているのは、胸の痛みと、遠ざかっていく天井、遠ざかって行く家族たち、遠ざかって行く世界全体、そしてその一方で、自分の死を身近に感じた不思議な安堵感。

私はときどき、この20代の一連の体験を臨死体験に似たものとして説明することがあります。一般に知られる臨死体験のようなイメージはここでは出てきませんでしたが、それ以前の私はこのときに「死んだ」と感じているからです。もちろんその時はそんなこと考えてもいませんでしたが、「自分は死んだのだ」という思いは、その後自分の気持ちが落ち着くにつれて大きくなっていきました。

それから次の「再誕生」の体験までの半年ほどの間はとても不思議な時間でした。死んでから次に生まれ変わるまでの「中間世」と表現されているものはこういう体験をさすのではないかと思っているのです。どの世界にも属さない中途半端な感覚。でも、もう前いたところに戻ることはできない、ということにも薄々気づいていたような気がします。

その時点では、まだ自分に起こったことの意味はまったくわかっていませんでした。ただ、なんだかわからないけれど自分の内側で大きな変化が起こった、ということだけはうすうす気がついていたかもしれません。

その中で印象に残っていることをいくつか。

まずは、なんだかわけのわからない苦しさ。もちろん、その苦しさはそれ以前にも同じように私の中にあったのでしょう。ただ、私はそれを感じないように無視していたのかもしれません。それが最初の体験をきっかけに意識に浮上してきたようでした。起きているときはもちろん、身体を横たえていても、四六時中、何かに苛まれるような苦しさと不安感が襲ってきます。

そして、夜眠れない。夜がくるのが怖い。ラジオの深夜放送をつけ、その声だけが自分をこの世界につなぎとめているような感覚。今はそうではないのかもしれませんが、当時は日曜の深夜はどの局も放送機器点検のため、午前1時から5時までは放送がお休みになりました。その間は、ただ息をひそめて、その苦しさをやり過ごすだけでした。

やっと朝が来ると、不思議な安堵感、やすらいだ気持ちに包まれました。それまでの人生の中で一度も感じたことのないような感覚です。

今考えてみると、そのやすらぎは子宮の中で感じていたものと同じものだったような気がします。障子を通って寝室に差し込む白い光と布団の暖かさに包まれて、ひたすら眠り続けました。

たまには外に出ようと思うのですが、足が重くて動かないのです。玄関までなんとか出たものの、そこから先には進むことができず、また布団に舞い戻り。このとき病院に行けば、きっと「自律神経失調症」なんていう名前がつけられたのだろうな、と思います。

大学を休んでそんな生活をしているうちに、夏も終わり、秋の気配が深まってきます。もう一度生まれるときが近付いていました。

2章　再誕生

その日

秋が深まっていくにつれ、少しずつ外に出ることもできるようになってきました。大学に戻って何をするわけでもないのだけれど、いつまでも実家にいてはいけないような気がして、後期の授業が始まる10月頃にはアパートに戻ってきました。

その頃どんな生活をしていたのかあまりよく覚えていないのですが、お昼すぎには一度大学の研究室に顔を出し、誰かがいれば話をしたり、なんとなく本を読んだりして、夕方にはアパートに戻る、そんな毎日だったように思います。

そして、その日を境に、私の世界は変わりました。「私」がいなかった世界から、「私」のいる世界に。

ストーリー②

「再誕生」

その頃の「僕」は日記をつけていた。毎日書いていたわけでもないし、それほど詳しく書いていたわけでもない。ただ、こころを揺さぶられるような出来事があれば、それを表現せずにはいられなかった、はずだ。

「その日」が正確には何日だったのか、それを確認するすべはもうない。「12月中旬」としか覚えていない「その日」の前後の日記は、空白だった。しばらくたって、たぶん1ヵ月以上あとだったと思うのだが、「その日」に起こったことの重大さに気付いた「僕」は、「その日」を思い出して日記帳にしたためた。

「その日」の夕方、あいかわらず重たい身体をなんとかひきずって、「僕」は研究室からアパートの部屋に戻っていた。食事を済ませてからは、特に何かをする気力もなく、ぼんやりしていたのかもしれない。外はすでに暗くなっていた。

ひどく身体がだるくなってきた「僕」は、布団をしいて横になった。これもいつものことだ。

また、あの苦しさがやってきた。「僕」は布団にしがみついて、それをやりすごそうとした。

＊　＊　＊　＊　＊　＊　＊

ふと気がつくと、不思議なことが起こっていた。

「僕」の身体の表面が、キラキラと光輝いている。

夢を見ていたのではない。意識ははっきりしていた。

何が起こったのかはわからない。そのときの「僕」は、そんなことを考える余裕すらなく、ただそこにいるだけだった。

いったいどのくらいの時間、その状態が続いていたのだろう。瞬間だったのか、数十分だったのか、まったくわからない。

始まったときと同じように、ふと気がつくとその状態は終わっていた。

「僕」は注意深くあたりを見回した。さっきまで寝ていた布団の中に、「僕」はたしかに寝ている。

机もテレビも本棚も、さっきまでと同じところに、たしかにあった。

でも、「僕」にははっきりと理解できた。

「僕」は違う世界にやってきた！

すべてはさっきまでと同じようにそこにある。でも、何かが根本的に違うのだ。そこは、それまでの「僕」の知らなかった全く新しい世界。

「僕」は生まれ変わったのだ。

いや、この表現はあまり正確ではないな。

「僕」は生まれた。

さまざまな喜びと苦しみがいっきょに押し寄せてきた。

「光の中へ」

翌日、「僕」はいつものように遅い時間に目覚めた。空腹を満たすため、自転車に乗って外に出た。

あまりのことに「僕」は驚愕した。

世界がこのように「在る」！

花が咲いている。太陽が輝いている。風が吹いている。人が歩いている。車が走っている。音が聞こえる。香りがある。色がある。

「僕」にはそのすべてが不思議で不思議でどうしようもなかった。

いったいこれは何事だ！

今まであまりにあたりまえで、その存在すら忘れていた世界のありとあらゆる要素が「僕」の存在の中心にまで付き刺さってくるような強烈な感覚。「僕」はふらふらしながらいつもの学生食堂までたどりついた。

セルフサービスのカウンターで、いつものメニューをいつものように注文する。いつもの食堂のおばちゃんが、いつものように何か言った。ん？

おばちゃんは、その口を動かし何かの音を発した。「僕」の耳はその音を聞き取り何かを理解したらしい。いやいや、もちろん、そのときはそんなこと考えてもいなかった。ただ、おばちゃんと「僕」

の間に何かが伝わったということ、そのことが「僕」を驚かせた。

食事を済ませ、アパートに戻る。

すべての経験が「僕」にとっては生まれて初めての経験。ものすごいエネルギーを使う。くたくただ。

お風呂の準備ができた。お風呂に入ろうと服を脱いでいるときにわかった。

「僕」には肉体があったのだ。

すっぱだかのまま床に座り込んで、「僕」は自分の身体を、珍しいものでも見るかのように撫でまわした。23年間いっしょにいたはずなのに、今までその存在を完全に忘れさられていた「僕」の身体。懐かしさとともに、涙が込み上げてくる。

ベランダ越しに見える街灯のあかりがやけにまぶしい。

そうか。そうだったんだ。

「僕」は自分に起こったことを少しずつ理解し始めていた。

もっとも、「僕」が見たのは「光」ばかりでは、ない。

「生まれいづる苦しみ」

それはとほうもない恐怖だった。

「僕」はこの世界の中にたった一人で存在していたのだ。まるで母の子宮から放り出され、誰からも世話してもらえない赤んぼうのように。

もともと友達が多い訳ではなかった。それにしても、研究室へ行けば毎日のように顔をあわせ、話をし、食事をともにする友人はいる。地元の幼馴染みの友人ともたまには連絡を取り合う。その上、両親だって、弟だっているのだ。

しかし、「僕」はひとりぼっちだったのだ。

それまで自分にとって近しい関係だったすべての人が、見知らぬ他人になっていた。今にも気が狂いそうだった。

頻繁にやってくる、身体がばらばらに壊れていきそうな不安感。それが、昼といわず、夜といわず、突然「僕」を襲う。

夜、それがやってくると、ふとんを抱きしめ、息をこらして、ただ去っていくのを待つ。昼間、外を歩いている時だと、何かつかめるものを探し、そこに身体を支えて、しばらくじっとしている。

それがいつやってくるのだろうか、という想いそのものが「僕」を不安にさせた。

すがるものが何もない空っぽの「僕」は、自分をかろうじて支えるために日記を書き続けた。大学ノートに毎日４、５ページ。自分が完全に崩壊してしまうのを防ぐため、「僕」は「僕」自身から湧き出してくるものを、電車の中でも、食事の最中でもかまわず、必死で書いた。

年が明け、しばらくして昭和が終わった。新元号「平成」を発表する官房長官の記者会見のテレビを見ながら、何か新しい時代が始まったことを実感した。

絶望的な孤独感の中、一方で「僕」にはわかっていた。「僕」は助かったのだ！

身体の中を巨大なエネルギーが駆け抜けていく。身体の内側に、それまで感じたことのない暗闇の世界があった。いや、それは内側ではない、外側でもない。そう、内側と外側がひっくりかえってしまった。

それまで「僕」の外側に見えていた世界は実は「僕」の内側にあり、「僕」の内側の世界だと思っていたものが全部外側にあった。口から手をつっこまれて、身体を全部裏返しにされたような奇妙な感覚。

内と外は同じものだった。

在ることの驚き

とにかく驚いていました。生きていること、存在しているということそのものにびっくりしていました。なにせ、あらゆるものが「在る」のです。そこに、そのように。

ゆっくりとあたりを見回してみれば、そこにあるすべてのもの、テレビや本棚や椅子や机やこたつやふとんなどなどは、その体験以前からもそこあるものばかりで、何一つ変わったことはないのですが、何かがまったく違うのです。違う世界に来た。それが実感でした。

それからしばらくの間は、世界が急に明るくなったように感じることがよくありました。こころの中で何かが開いたような感覚、とどこおっていたエネルギーが流れ始めたような感覚、自分自身が拡がったような感覚、そんな感覚が伴っていました。会社勤めのころはそれが起こると、「蛍光灯を変えたのかな?」なんて思ったこともありました。まさにそんな感覚です。


今考えてみると、この体験は、自分の内側で初めて大きくエネルギーが流れた体験だったのではないでしょうか。それ以前は自然のエネルギーの流れをあまりにも強く抑圧していたため、それが非常に激しい現象として現れたのでしょう。

ですから、すべての人が同じような激しい現象として、ある種の目覚めあるいは覚醒と呼ばれるような体験をするわけではないのだと思います。人間の自然な成長のプロセスにさからうことなく成長してきた個人は、もっとおだやかな過程を経て、同じような認識に達するのではないかと感じています。

世界は私

この体験の直後に感じたもう一つの強烈な感覚は、「自分」という感覚の大きな変化です。口から腕を入れられて、身体全体を裏返されたような、裏と表がひっくりかえったような感覚。

それまで自分の内側だと思っていたものが、すべて外側にあって、目の前にあるのです。目に見えているあらゆるものが「自分」なのです。

「あなたが見ているものがあなたなのだ」、「You are the world」という言葉は知っていましたが、圧倒的な実感としてそのことがわかったのです。「おぉ、そこにも、ここにも、私がいる！」。しかし、これは話す相手を間違えると、かなりあぶないですね。

そして、ここだけ読むと、突然悟って、すべてのことがわかってしまい、すっかり楽になってしまったような印象を受ける方もいるかもしれませんが、私にとっての本当の苦しみはこの「再誕生」から始まったのです。

でも、その苦しみの中で、同時に、「ああ、これでいいんだ」「これで自分は助かったんだ」という思いが確かにあったのです。

聖なる身体

身体の感覚の変化ということも、とても大きなポイントでした。いや、「感覚の変化」なんていう生やさしいものではなかったですね。それ以前には見たことも感じたこともなかった身体に「出会った」のです。

「再誕生」の体験の後の一つの感覚として、自分の内側、この皮膚に包まれた内側の存在をとても強く感じる感覚がありました。その内側がブラックホールのようになっていて、何かとてつもないエネルギーが満ちているような感覚。

そして、この身体の存在に突然気づいたのです。

お風呂に入ろうとして裸になった自分の身体を見て、感じて、その存在に驚きました。ほんとうに珍しいものでも見つけたかのように、自分の身体をなでまわしては、ため息をついたものです。そしてそれは同時に、とても懐かしい感じをともなっていました。

この世に生を受けて以来、私はずっとこの身体といっしょにいたはずなのに、そのことを完全に忘れてしまっていたのです。いや、忘れてしまいたかったのかもしれません。

私は、身体のことを無視して頭の中だけに生きていました。身体がやりたいこと、身体が必要としていることを無視して、頭で考えているとおりに自分を動かそうとしていたのです。

身体のほうに余裕のあるうちは、そんな無理をしてもなんとかこなしてくれていたのでしょう。ところが、いつまでもそんな状態は続かなかったわけです。この体験直前の身体の不調は、身体が悲鳴をあげていたのですね。でも、そんなことには気づかずに、なんで調子が悪いのだろう、なんでうまくいかないのだろう、そんなふうに考えるばかりでした。


セラピーの仕事をしていく中で、同じような状態にいる方にたくさん出会います。そういう方は、自分が頭の中だけで生きているということにまったく気づいていません。頭の中だけが「自分」で、その外側にも「自分」が拡がっているということを意識したことすらないのです。

私のその後の意識深化のプロセスの中では、身体を取り戻していくということがもっとも大きな意味を持っていたと言っても過言ではありません。

究極の孤独

「再誕生」のあと、私は生まれて初めて「寂しい」という感情を感じました。いや、最初のころは、それが「寂しい」という「感情」であるということすらわかっていなかったような気がします。それは、胸をキリキリと締め上げられるかのような、身体の底からやってくる不安感として感じられていました。

生まれたばかりの赤ちゃんは周囲の人たちの手厚い保護がなければすぐに死んでしまうでしょう。そのときの私は、子宮から生まれ出たばかりの赤ちゃんと同じような無防備な状態のまま、見たことも聞いたこともなかったまったく新しい世界の中に突然一人で放り出されたような気持ちだったのです。

そのときの私には、家族はいたし、少ないながらも親しい友人はいたし、毎日顔をあわせる大学の仲間や先生たちもいました。ところが、それらの人たちがみな、初めて出会った見知らぬ人のように感じられるのです。

昔読んだドラエもんのマンガに、誰かの名前を呼びながらそのスイッチを押すとその人を消してしまえる、というものがあったのを思い出しました。

自分の嫌な人の存在を跡形もなく消してしまって、誰の記憶からも消してしまえるそのスイッチを手に入れたのび太くんは、自分の嫌いなジャイアンやスネオを消してしまうのですが、何かのことでかんしゃくを起こして、思わず「みんないなくなってしまえ！」と叫んでそのスイッチを押してしまったのです。

ふと気がついてまわりを見回すと、誰もいません。町中がしーんとして、人の気配がなくなっています。世界中の人が消えてしまって、のび太くんはひとりぼっちになってしまったのです。

この話にはもう一つオチがあって、このスイッチの本当の意味は、人がいなくなってしまうというのはどういうことなのかをのび太くんに気づかせるというものだったと思うのですが、当時の私は、ひとりぼっちになってしまったのび太くんのような気分だったのです。

ちょっと想像してみて下さい。ある日突然、あなたのまわりからあなたの知っている人が一人もいなくなってしまい、見知らぬ人ばかりになってしまったら……。いったいどんな気持ちになるでしょうか。

身体としての自分をこえて

それほどの寂しさと苦しさの中でも、どこかで私はホッとしていました。自分の身体に初めて出会ったと感じたときと同じように、私は初めて「自分」に出会っていたのです。それ以前には、身体はこの世界にたしかにいたはずなのに、そこには「自分」はいなかったのだ、と気づいたのです。

もちろん、まったくいなかったというわけではないでしょう。それなりに生活し、自分の意志でさまざまなことを行ってきたはずです。

でも、それまで「自分」だと思っていたのは、本当の自分のほんの表面の一部だけだったのです。その奥にはとても大きな全体としての自分（スピリチュアルな自分）のエネルギーが存在していたのに、そのことにまったく気づいていなかったのです。全体としての自分は、心と身体と魂までを含んだ自分です。ほとんどの人は心の中のさらに一部だけを「自分」だと考えて生きているようです。

しかし、それもまた無理からぬことなのだ、と思います。全体としての自分を意識するということは、そのプロセスの途中で、身体としての自分の存在を強く意識して、自分が死すべきものであるということを実感する必要があるからです。

肉体が滅びるのは自然で当たり前のことなのですが、頭の中だけで生きている多くの現代人はその事実をできるだけ認めないようにしています。身体を物のように扱って、自分自身の一部としてではなく、自分の所有物のように扱っているのです。

思考と自分との同一視を超えて身体としての自分を感じたとき、自分の死が非常にリアルに感じられ、恐怖や不安をかきたてられます。人は無意識のうちに、それを感じることをできるだけ避けようとしているのです。

でも安心して下さい。身体が自分なのだ、ということを本当に実感できれば、次のステップが見えてきます。身体だけが自分ではないのです。魂のレベル、スピリチュアルなレベルの自分が見えてきます。

身体で感じる不安

孤独感や不安感が大きかったときの気分はどんなものだったのですか、と聞かれることがよくあります。当時の私はその感覚を「孤独」や「不安」という言葉では認識できていませんでした。それから4、5年がすぎ、妻と出会って「あなたは寂しくないの?」と聞かれても、その「寂しい」という言葉の意味すらわからなかったくらいですから。

その当時感じていた孤独や不安は、「感情」というよりも、圧倒的な身体の感覚でした。まず、胸のあたりが締め付けられるような息苦しさ。これは特に、夜暗い部屋で一人になっている時にやってくることが多かったです。天井が遠くなって、急に息が苦しくなってくる。そんなときは布団にしがみついて、それが去っていくのをただ待つだけでした。

外出中に突然襲ってくる、身体が崩れていくような感覚もありました。急に胸がざわざわし始めるのが、「それ」がやってくる兆候でした。特に階段を降りていくときに、何かに吸い込まれるような気分とともにやってくることが多かったです。

外で身体が崩れていくような感覚に襲われるのはとても怖かったので、外出すること自体に不安を感じていたこともありました。外で「それ」がやってきたときは、とにかく何かにつかまって、場合によってはしゃがみこんで、じっとその感覚が去るのを待っていました。宇宙の中にばらばらに消えていきそうなこの身体を誰でもいいから抱き締めてほしい、と思ったこともあります。

「再誕生」の直後には、こんな身体感覚を伴う孤独や不安な感覚が毎日のようにやってきていました。それから数年たって会社勤めをするようになってからも、夜になると同じような感覚がやってくることがときたまありました。

最初のうちは、その感覚そのものを恐れていたのですが、そのうちあることに気がつきました。「それ」が通りすぎると、少し身体が軽くなり、世界が明るく見えるようになっているのです。自分の内面で大きな変化が起こっているときなのだ、ということがわかってきたのです。

そうなってくると、もちろんその感覚に襲われている瞬間は辛いのですが、自分が癒されていくプロセスの一つとして、「それ」を期待するような、楽しみにするような気持ちも生まれてきました。

夢日記

当時は日記をつけていました。

自分の内面で起こっているとてつもない変化を、ただ心の中だけにとどめておくのは苦しすぎたのかもしれません。といっても、それについて語りあうことができる人もいませんでした。内側からやってくる圧倒的なエネルギーに自分を破壊されてしまわないように、自分を自分につなぎとめておくために、心に浮かんできたことをところかまわず大学ノートに書いていました。食事の最中や電車を待っている駅のホームでも、何か心に浮かんできたことがあれば、ノートを取り出して書き留めていました。

また、このノートは夢日記でもありました。無意識の領域でも大きな変化が起こっていたので、毎日のようにたくさんの夢を見ました。ユングの夢の教科書に出てきそうな「大きな夢」（無意識の深い領域、集合無意識の領域からやってくる夢）をいくつも見ました。昼寝することもよくあったので、そのときにも見ました。

毎日、夢分析をしていたような感じでしょうか。それまでの知識から、夢を見ることで自分の中の何かが死に、新しいものが生まれていくプロセスが進んでいくことは知っていましたから、起こっていること自体に対する不安はそれほどなかったと思いますが、その無意識のエネルギーに圧倒されそうな感覚は常に感じていました。

そのうち、夢を見るために寝ているような感覚になってきて、どちらが夢でどちらが現実なのかはっきりわからないような不思議な感覚を感じたこともあります。のちに、夜見る夢と、起きているときに見る夢（＝

この現実）が同じ意味を持つものだということに気づいたのは、このときの体験の影響も大きいかもしれません。

そんなこんなでこのノートは、多いときには1日に5ページ以上を使っていました。いちばん苦しかった2年くらいの間にこのノートは6、7冊になっていたのですが、サラリーマン時代のある日、ふと思い立って捨ててしまったのです。

今思えば、捨てなければよかったかな、という思いもある一方で、あまりに重くて辛いエネルギーが詰まったあのノートは手放す必要があったのだろうなあ、という気もしています。

苦しい感覚のあとにやってくる「世界が明るくなる感覚」「身体が軽くなる感覚」と同じように印象に残っているのは「世界が静かになる感覚」です。これは、辛い感覚のあとに必ずやってきていたわけではなく、予期せぬときに突然やってくるような感じでした。

静かな世界

学生時代のある時期、パチンコにハマっていたことがありました。店内は玉の流れる音や音楽でものすごい騒音です。いつものように台に向かっていると、急に周囲が静かになったような不思議な感じがやってきました。はじめは何が起こったのかと思って、まわりを見回してみたりしたのですが、別に騒音がなくなっているわけではありません。店の中の音は同じようにあるのですが、自分の心の中がしんと静まりかえっているような感覚でした。

当時アルバイトをしていたスーパーの店内でも、突然同じような感覚を感じたことがあります。そのときも思わず立ち止まって、あたりをきょろきょろ見回してしまった思い出があります。

この感覚はそれほど頻繁に起こるものではありませんでしたが、意識の変化のプロセスの中では節目節目に感じていました。最初の頃は何が起こっているのかわからず、でも、気分はとてもいいので悪いことではないだろう、という程度の認識でした。

今になってわかるのは、「それ」が起こったときは思考が止まっていたのだ、ということです。普段、ほとんどの人は心の中で休みなくおしゃべりが続いていて、しかもそのことを意識していません。その状態があたりまえの状態になっているので、おしゃべりが止まったときにどうなるのか、ということを知らなかったのも当然でした。ですから、急に「それ」が起こったときはとても不思議な感覚だったのでしょう。でも、その意味がわかってくると、「それ」が起こってくるのがとても楽しみになってきました。

心のおしゃべりが止まったとき、自分の内側の一番深い部分とつながることができていたのです。

この感覚はセラピーを受けた後、特にブレスワークの後には非常に深い感覚として感じることが多かったです。

涙が止まらない

何でもないことを見たり聞いたりして涙が込み上げてくることが頻繁にありました。空を見上げているとき、風に吹かれているとき、きれいな花を見ているとき。でも、今一番印象に残っているのは、仲良くしているカップルを見ると涙が流れてどうしようもなかったことです。これはずいぶん長い間続いていたように思います。

手をつないで歩いている二人、何気なく笑顔をかわしている二人、とにかく、この二人は愛しあっているんだなあ、という雰囲気を感じただけで、とめどなく涙が流れてきたものです。

そんな二人をうらやましいと思っていた時期もあったかもしれません。でも、妻と出会って、人をうらやましがる必要がなくなってからも、この感覚はずいぶん続きました。


この感覚と関係ありそうな、とても印象に残っているもう一つの出来事がありました。ある大きな駅のコンコースの地面に一人の男性が酔っぱらって寝転がっていたのです。その人を見たときに、とてつもない悲しみが込み上げてきて、涙がとまらなくなったのです。少し大袈裟ですが、人間の根源的な悲しさに触れたようなとても深い感覚でした。

愛しあう二人を見て流れてきた涙は、それほど「悲しい」という感覚を伴っていたわけではありませんでした。ただ、いつか必ず死すべきこの肉体を持って生きている人間どうしが互いを慈しみあう姿が、私の一番深いところにある孤独感や悲しみと共鳴しあっていたのではないかな、と今は思います。

家に帰ってきた

「静かな世界」を書いたあとに思い出したのが、「家に帰ってきた感覚」です。初めてそれを感じたのは、大学時代に住んでいたアパートの近くにあったコンビニに買物に行ったときです。

余談になりますが、その後は何度も体験して当たり前のようになる感覚であっても、「それ」を初めて体験したときのことはとても印象に残っているものです。そして、「それ」をどんな状況で、どんな場所で体験したのかということをはっきりと覚えていることがよくあります。このあとも、場所と関連づけられた記憶が出てきます。

最初の一瞥体験のあと、なんとか大学に戻りはしたものの、毎日1回研究室に顔を出すのが精一杯だった頃のことです。とても気分が落ち込こんで、誰にも会いたくない、外に出たくない、という感じになることがよくありました。そんな感覚がピークに達したのか、3、4日か、あるいは1週間近くだったかもしれません、アパートの部屋から一歩も外に出なかったことがありました。部屋にある食べ物を少しずつ食べながら、それもなくなってくると、水を飲んでトイレに行く以外はほとんど布団にもぐっているような状態でした。

でも、ある日、ふと思ったのです。「このままでは死ぬ」と。

そう思ったときに、やっと布団から起き出して近くのコンビニに弁当を買いに出かけることができました。コンビニの照明がいつもよりやけに明るく感じるのと同時に、「家に帰ってきた」「自分のいるべき場所に帰ってきた」そんな不思議な感じがしたのです。アパートを出てコンビニにやって来たときに、です。

この感覚はその後もときどき、ふっとやってくることがありました。それは、自分の部屋にいるときのこともあったし、道を歩いているときのこともあったし、自分の身体がどこにいるか、とは関係ありませんでした。

この感覚も、心のおしゃべりが止まることと関係が深いようです。

意味を手放した日

大学時代の一番苦しかった日々をなんとか通過して、少しずついろんな活動を始めていた頃でした。大学の図書館に新聞の閲覧室があって、毎日1回はそこに出かけて、いくつかの新聞に目を通すのが習慣になっていた時期がありました。

ある日、いつものように新聞を読んでいると、不思議な感覚がやってきました。

新聞の紙の上に乗っている一つ一つの文字が、意味を持った文字ではなく、ただのインクのしみのように感じられてきたのです。それまでは、新聞の紙面に目をやるだけで、無意識のうちにそこに書かれている言葉の意味を受け取っていたのに、そのときは、その意味が全部消えてしまって、ただ、インクがいろんな形で紙の上に乗っているだけのような気がしてきました。

もちろん、何が書いてあるのかわからなくなって不安になったりしたわけではありません。頭を使って考えれば、いつもと同じように新聞を読むことはできました。でもそれと同時に、「意味」がまだ付けられていない文字の「素（もと）」みたいなものを認識していたような感覚でしょうか。

その当時は、「なんだかおもしろいなぁ」というくらいにしか考えていなかったのですが、あとになってこの体験を思い返してみると、意識の変化のプロセスの中では、とても大きな意味を持っていました。

言葉というものは、もともと意味を持っているわけではなくて、私たちの意識がそこに意味を与えている、ということに気づいたような気がするのです。

それは言葉に限らず、自分が見るもの、感じるもの、つまり、外の世界で起こる出来事も、自分の心の中に起こる出来事（思考や感情）も、それ自体に意味があるわけではなく、自分がそれに意味を与えている、という気づきにもつながっています。

言葉に関していえば、ある特定の言葉にはほとんどの人が同じような意味を与えているでしょう。そうでなければ、言葉の役割がはたせなくなってしまいます（もっとも、「自由」とか「愛」といったような抽象的な概念をあらわす言葉の場合は、必ずしもそうではないですが）。

一方、出来事に与える意味は人によってまったく違います。自分が、ある特定の出来事にどんな意味を与えているのか、ということに気づくことは、どんなふうに自分で自分を制限しているのかに気づくことにつながっていくでしょう。

瞑想などで「思考のすき間を見る」とか「思考の浮かんでいる空間を見る」といったような言い方がありますが、そういった感覚と似ている体験だったかもしれません。

舞台の下から

この体験も具体的な場所の記憶と結びついています。

大阪で会社勤めをしていた頃でした。大阪では「ミナミ」と呼ばれる難波《なんば》の中心街に新歌舞伎座の大きな建物があって、その前で仕事帰りによく待ち合わせをしていました。待ち合わせの相手は遅れることが多かったので、私はビルの壁にもたれたり、仕事でとても疲れているときは地面にしゃがみこんで、道行く人たちをぼんやりと眺めたりしていました。

そのとき不思議な感覚がやってきました。街を歩いているたくさんの人たちが、みんな舞台の上でお芝居をしている俳優さんたちに見えてきたのです。そして、その俳優さんは自分がお芝居をしていることに気づいていないようでした。

喜んだり、楽しんだり、悲しんだり、苦しんだり、いろんな演技をしているのですが、みんな自分が演技をしているということをすっかり忘れてしまい、自分がその芝居の役柄そのものだと思い込んでいるんだ、ということがはっきりと見えてきたのです。まるで、この世界という舞台から降りて、その下にある客席から舞台の上で上演されているお芝居を見ているような気分でした。

思わず誰かに、こんなふうに話しかけたくなりました。「ちょっと演技をやめて、舞台の下に降りてきて私と話をしませんか?」と。

「人生はゲーム」なんていう言葉はずいぶん前から知っていました。でも、今考えてみると、その体験以前に自分の中でその言葉を使っていたときは、そのとき感じていた苦しみに直面することができずに、なんとかまぎらわせようとして、その表現を利用していただけだったのかもしれません。

ところで、これを書いていて初めて気づいたのですが、芝居を上演する場所である新歌舞伎座の前でこの気づきを得たのは偶然なのでしょうか？

交通事故

これまでの50年あまりの人生の中で、一度だけ交通事故にあったことがあります。事故の大きさとしては大したものではありませんが、私にとってはいろんな意味で大きな体験でした。

大学院を修了する1年ほど前（「再誕生」の体験から約1年後）、当時は月に1回くらい関西方面へセラピーを受けに行っており、その費用をねん出するのに貧乏学生だった私はいろいろと苦労していました。

そのとき、数年前に洋服を買ったときにわけのわからないままに作らされたクレジットカード（学生カード）があることに気づいた私は、作ったとき以来まったく使っていなかったクレジットカードで切符を買ってみました。現金がないのに買物ができるなんて、当時の私にとってはものすごい驚きでした。

それ以来、セラピーを受けに行くときにはカードで買物をするようになったのですが、毎月の引き落としまでにお金を準備するのが、またいつもぎりぎりになっていたのです。引き落としのまさにその日の朝に銀行へかけつけて、口座に入金する、というようなことを毎月のようにやっていました。

その日もカードの引き落とし日でした。あまり体調がよくなかったのですが、カードが使えなくなると困ると思っていたので、午前中早くにアパートから20分くらいかかる銀行まで自転車でえっちらおっちら向かっていました。

両側に歩道のある2車線道路でした。私は左側の歩道を自転車で走っていました。そのとき、道路よりも少し低くなっている左側の細い道から軽トラックが飛び出してきました。トラックの前面ともろにぶつかった私は、自転車に乗ったまま車道に倒れ込みました。

もしそのときに後ろから車が来ていたら、あなたは今この本を読んでいないでしょう。

その車の運転手に病院に連れていってもらい、治療を受けて、その日は帰宅したように思います。銀行にも連れていってもらったのでしょうか。そのあたりはもうよく覚えていません。初めは車にぶつかった左手が痛かったのに、その日の夜になると倒れたときに打った右手が耐えられないほど痛んで2、3日は夜も眠れなかったことを覚えています。

骨折はなく、打撲ということでした。右手が半月くらいは自由に使えなかったので、かなり不自由でしたが、痛みがひけば身体の傷は大したことはありませんでした。

その痛みが堪え難かった頃、心理的にはとても不思議な感覚がありました。誰かに甘えたくてしょうがないのです。それも誰かのひざに上に抱かれて、あるいはひざまくらをしてもらって甘えたいような感覚です。以前、誰でもいいから抱き締めてほしい、と思ったときの感覚とはまた違って、とてもリアルで生々しい感覚を思い出します。

今なら、そんな感覚が起こったとしても、素直に受け止めることができるし「ああ、疲れているんだな」「少し寂しいんだな」という気持ちを感じることもできます。そのときは、自分の中にそんな感情があるということ自体がすごく不思議で新鮮だったのです。

病気と同じように事故も、切り離されている自分の感情が目に見える形になって現実の世界に現れているものだと言われます。無視されてきた感情のエネルギーが自分に向かって反乱を起こしているわけです。何度も事故にあうような方は、どんな感情を閉じ込めてしまっているのか、意識的に内面を探ってみる必要があるでしょう。

私の場合は事故というには軽い事故でしたが、身体が痛んでいるときは心の成長のチャンスだ、という言葉を実感した体験になりました。でも、できれば、身体を傷めなくても意識的に成長できたほうがいいですね。

ブレスワーク

一瞥体験が起こってからしばらくしてブレスワークという深い呼吸を使ったセラピーのことを知りました。とても興味を惹かれた私は、就職するまでの1年間ほど毎月1回のペースで関西までセラピーを受けにいくようになりました。

このブレスワークの体験とその中で得た気づきはその後の私の目覚めと癒しのプロセスのとても大切な基

盤となっています。

初めてブレスワークを受けたときの体験はあまりに強烈で忘れることができません。1時間ほどのセッションの中で、最初から最後までひたすら大声で泣き続けていたのです。それまでは自分が泣くなんて考えたこともなかったので、そのとき自分に起こったことが信じられなかったのですが、その瞬間はそんなことを考える余裕もなく、ただただ泣き叫び続けていたように記憶しています。

終わってみると、またまた世界が変わっていました。一番びっくりしたのは、それ以前の自分は息をしていなかったのではないかと思うほど呼吸が楽になり、身体全体がリラックスして軽くなっていたのです。それほどまでに身体を緊張させて呼吸を抑えていたら、生きていくのが苦しくて当たり前でした。でも、実際にこの体験をするまでは、そんなことを考えたことすらなかったのです。

何度か体験する中で、そのとき感じた感覚が「悲しい」「寂しい」と言った言葉で表現できるものだ、ということもわかってきました。

それから数回のセッションはただひたすら泣くだけでした。いったいこれほどのエネルギーがどこにあったのか、と思いました。グループでのセッションのときにはペアになった人に抱き締めてもらって泣き続けたこともありました。こんな体験は本当に初めてだったのですが、自分自身を深く癒していくきっかけになりました。

自分の内側に、気づいていない部分、意識できていないエネルギーがあって、それに気づき、その存在を受け止めていくことが大切だ、ということはセラピーを受けに来る方にもよくお話することなのですが、その意味を頭では理解できてもなかなか実感できないことがよくあります。でも、自分のこのときの体験を振り返ってみても、最初は仕方のないことかもしれません。だからこそ、生きるのが辛くなっていたわけですから。

ひたすら泣き続けた数回のセッションののち、それまでとは少し違った感覚が内側から起こってきました。「怒り」です。それはまた「悲しみ」とは比較にならないほどの激しいエネルギーでした。

呼吸を続けながら、床を激しく叩いたり、ここでは書けないような言葉を大声で叫び続けたりということが、これもまた何回も続きました。涙もおさまったわけではないので、もう「泣きながら怒り狂う」とでもいうような状態になったりしました。

いったいこの悲しみや怒りはどこから来たのでしょうか。当時の私は、子どもの頃の両親との関係が原因だと考えていました。でも、今は少し違う見方をするようになってきています。もちろん、親との関係は自分の中の悲しみや怒りを引き出してくれたきっかけにはなっていますが、今はそれを第一の原因だとは考えなくなっているのです。

人間の魂は過去に何度も肉体をまとってこの世界に現れています。それを前世だと考えてもいいし、宇宙のゲームだと理解してもいいかもしれません。肉体をまとって生きていくということは、それだけでさまざまな苦悩を体験するものです。人間のこころの奥にはそれまで生きてきたすべての人が体験してきた多くの悲しみや怒りがもともとため込まれているのです。それは「私の悲しみ」ではなくて「人間の悲しみ」あるいは「悲しみそのもの」といってもいいでしょう。

そして、今回、こうしてこの肉体を持って生まれてきたのは、その「悲しみ」や「怒り」を癒す機会を与えられた、ということなのです。この人生の中で体験するさまざまな苦しみは、これまで世界の中に積み重ねられてきた苦しみを癒そうとする宇宙のプロセスの一貫なのかもしれません。


その後も続けてブレスワークを受けていたのですが、起こることは毎回ほぼ同じで、泣いたりわめいたりということが繰り返されていました。それはそれで気持ちがいいのですが、何かが違うな、という感覚も感じていました。

いつものように、泣いたりわめいたりしていたあるとき、セラピストが私の耳もとでこんなふうに言ったのです。

「もっと感情の中に入っていって」

表現は少し違ったかもしれません。ただ感情を表現するだけでなく、それをもっと感じるように、というような意味だったことはたしかです。その瞬間に自分の中で何かがスコンと落ちたような感覚がありました。何かが自分の中で落ち着くところに落ち着いたような感覚です。

そのとき、感情を表現することと本当の意味で感じるということは根本的に違うことだったんだ、ということに気づきました。この気づきはそのときに感じていたよりもとても深くて大切なものだったなあ、とのちにあらためて思いました。

抑圧されている感情を解放し、浄化し、手放していくと深い癒しの体験が起こります。すると、その感情のエネルギーに影響されることが少なくなっていきます。そんな体験が起こるためには、感情を外に出すだけでなく、本当の意味で「感じる」こと、「十分に味わう」こと、「直接に体験する」ことが必要なのです。

セラピーの中で、激しく泣くことで悲しみを表現したり、大声を出したり物を叩いたりすることで怒りを表現することは比較的よくあることです。そして、非常に強く感情を抑えてきた人の場合は、癒しのプロセスの中で一度はそんな体験をする必要もあります。でも、それだけでは、一時的にすっきりする感覚があっても、深い癒しは起こりません。それどころか、過剰に感情を表に出してしまうというのは、そうすることで感情をしっかり感じ取ることを避けているとも言えるのです。

いつも周囲の人に怒りやいらいらした感情をまき散らしている人がいます。そんな人は自分の感情をしっかり感じているのでしょうか。それはたぶん、まったく反対でしょう。自分の感情を認められず、できるだけ抑えつけていて、抑えられなくなったエネルギーが自分でもコントロールできない形であふれ出しているのです。

また、セラピーが進むにつれて、自分は感情を抑えすぎていた、ということに気づき始めた人は「だったらこの怒りを誰かにぶつければいいのだろうか」「でもそんなことをしたら相手を傷つけてしまうのではないか」と悩むこともあります。

真の癒しと内面を統合していく道は、感情の抑圧でも、過剰な表現でもない、自分の内面でその感情のエネルギーをしっかり感じとり、その存在を許すという方法なのです。セラピーの中でそういったプロセスが起こるときというのは、外からみると非常にリラックスしているようで、一見何も起こっていないかのように見えることすらあります。

頭で考えると少し難しいことのように思えますが、一度きっかけをつかむと、日々の生活の中で起こることを利用して、自分自身を癒し、浄化していくことができるようになります。普段から内面を感じ取ることが苦手な方の場合は、こういった体験をするためには、呼吸法や瞑想的な実践を意識的に行っていく必要があるように思います。

ある日の夜遅く、ブレスワークのあと、アパートに戻ってお風呂でぼんやりしているとき、突然お腹の底から激しい笑いが込み上げてきたことがありました。それまでにもずいぶんさまざまな内的変化を体験していたのですが、このとき自分に起こったことにはかなりびっくりした記憶があります。

もちろん、その体験以前にも人生の中で「笑う」ということはあったはずです。でも、このときの体験は、初めてブレスワークを受けたあとに「自分はこれまで呼吸をしていたのだろうか」と感じたときと同じくらい私にとっては衝撃的な体験で、「笑う」ということの意味が根本的に変わっていくような感覚がありました。もう、お腹の底から、というよりも、身がよじれるくらい、身体全体で笑っているような感覚で、その感覚に身を任せていくと、それこそ息が苦しくなるほどでした。

その後は、セラピーを受けている最中にも笑いが込み上げて来ることがときどき起こるようになりました。泣くプロセスも続いていました。そんな中で気づいたことは、「泣くことと笑うことは同じこと、同じエネルギーだ」ということです。ひたすら笑っていると涙が出て来ることがあるし、ひたすら泣き続けているといつの間にか笑いが込み上げて来ることがあります。涙と笑いは一番深いところまで体験し尽くすと、実は同じエネルギーだったのです。

１９９1年に大学院の修士課程を修了し、大阪で会社勤めを始めました。それから数年間は少しセラピーから離れていた時期があります。日常生活そのものがセラピーになっていたのかもしれません。3年後に東京に転勤してから、大阪よりもセラピーに関する情報が多かったということもあるかもしれませんが、またブレスワークや箱庭療法などのセラピーを受けるようになったのです。

今考えるとよくそんなことをやっていたな、と思うのですが、週に1回、平日の夜にブレスワークを受けに行っていたことがあります。セラピーのときに着るための着替えをスポーツバックに詰めて駅のコインロッカーに入れ、会社帰りにそれを取り出しては、スーツ姿のまま行ったりしていました。自分の苦しさ、生きづらさ（息づらさ？）をなんとかしたい、という気持ちがそんな行動をするエネルギーになっていたようです。

東京で勤めていた2年間に10回前後はブレスワークを受けたと思うのですが、その最後のときのことがとても印象に残っています。

呼吸を続けていると、それまで体験したことのないような激しさで、両手と両足が震えてきました。ジーンとしびれる感覚や、軽く震えるような感覚はよくあったのですが、ブルブルとものすごく激しく震え始めたのです。亀が甲羅を背にひっくり返ったまま、手足を震わせているような姿を想像してみて下さい。

そのときの私は、それまで体験したことのない出来事に恐怖を感じていました。セラピストに思わず「怖い！」と言ったりしました。そのときのセラピストの返事は「エネルギーだから大丈夫」というようなものだったと思います。

今論理的に考えると、いったいエネルギーって何なのか、エネルギーだからなぜ大丈夫なのかわからなくて、私が思わず発した「怖い！」という言葉の返事にはまったくなっていない気がするのですが、そのときの私はその言葉を聞いたことをきっかけに安心し、その体験の中に深く入っていけたように思います。

手足の指の先まで、体中を巡っている大きなエネルギーの動きを実感していました。

今思えば、そのときのセラピストの言葉は、人間とは一つの大きなエネルギーが目に見える形をとって現れているだけ、あるいは、そのエネルギーの動き、プロセスにすぎないから、その動きに身をまかせていれば大丈夫、ということを言いたかったのではないかと思います。


この体験を最後に、ブレスワークを通した私自身の内的探究は終わりました。その後、会社を辞めたあとにも何回かブレスワークを受けたことありますが、セラピーを受けることで何かに気づくということはなくなった気がします。それよりもむしろ、毎日の日常生活の中で新たな気づきを得ることが増えてきました。

この体験をしたのは、会社を辞めて新しい生活に入る数カ月前のことで、私の中で何かが終わり、次のステップに移行し始めたときでした。


1996年春に5年勤めた会社を辞め、翌年から奈良県の法隆寺近くのアパートでセラピストとしての活動をスタートさせました。98年には新大阪に移転、2002年には生活の本拠地を妻の故郷でもある自然環境に恵まれた鳥取県境港市に移し、新大阪と境港の両方でセラピーを行うようになりました。

２００９年からは個人セッションだけでなくお話会などのグループセッションを開始。さらに２０１２年からは東京などでもお話会と個人セッションを行うようになり、活動の幅がますます広がっていきました。それと同時に私自身の気づきもますます深まってきます。

第2部　気づき～ストーリーから抜け出す

1章　非二元

「私」という夢

「非二元」とは、ふたつではない、つまり、すべては一つにつながっているということを表現している言葉です。ワンネスという言葉も同じことを意味しています。

この世界は、見かけ上、さまざまな個別のものが独自に存在し、互いに関係を持ちながら構成されているように見えます。人間について見れば、私がいて、あなたがいて、その私とあなたがそれぞれの意思を持って行動し、互いに関係を作りながら喜んだり悲しんだり苦しんだりしているように見えます。

人間関係が生み出す喜びは人生に計り知れない深みを与えてくれますが、同じ人間関係が大きな苦しみを生み出すこともあります。

私たちはさまざまな方法でこの苦しみを取り除こうとします。それはうまくいくときもあれば、なかなかうまくいかないときもあるでしょう。それもそのはずです。人生の苦しみの根本的な原因は「私」という夢の中に閉じ込められていることにあるからです。「私」という夢を唯一リアルな現実だと勘違いしているからなのです。

人生の苦しみを解決する方法のほとんどは「私」と「あなた」、「私」と「私以外」の分離が存在することを前提にしています。二元の世界を前提にしているのです。その方法では、この分離の夢を多少よくすることはできるかもしれませんが、本当の意味で苦しみから解放されることはありません。真の解放とは分離の夢から覚めることだからです。

分離の夢から覚めることをいにしえの人は「悟り」と呼びました。「悟り」という言葉を聞くと、厳しい修行をした選ばれた人だけが達成できる特別な状態を想像してしまうかもしれませんが、実は、夢を夢だと気づいて、この世界の本来の姿を思い出すだけの、とてもシンプルなことなのです。

「私」という夢から覚めると、すべてが分ちがたくつながっていることがわかります。すべてが相互に依存していることがわかります。この世界はたった一つの何かの表現であることがわかります。「生かされている」という言葉の意味がわかります。恐れがなくなります。生きることがとても楽になります。

私とは誰か

簡単な意識の実験をしてみましょう。以下の文章を、書かれている内容をゆっくりと味わいながら読んでみて下さい。

耳をすませてみて下さい。今どんな音が聞こえていますか？外を走る車の音、風にそよぐ木々の音、低くうなるエアコンの音、バックに流れている音楽。今聞こえている音に意識を集中させてみて下さい。

今あなたはその音を聞いています。あなたが音を聞いているのですから、あなたはその音ではありません。あなたはその音を聞いている存在です。

次に、あなたの視界に入っているものをよく見てみましょう。まずこの本の紙面が見えます。まわりに何があるでしょうか。机、電話、ボールペン、電気スタンド、時計、テレビ、車、木、ビル、空……いろんなものが見えているかもしれません。

今、あなたはそれらを見ています。あなたがそれらを見ているのですから、あなたはそれら（本、時計、車、空……）ではありません。あなたはそれらを見ている存在です。

さあ、もっとあなた自身に近づいてみます。

あなたの身体を見てみましょう。本を持っている手を見てみます。そして、そこに手があることを感じてみましょう。

今、あなたはその身体を見て、その身体を感じています。あなたが身体を見て、感じているのですから、あなたはその身体ではありません。あなたはその身体を見て、感じている存在です。

あなたは今、何を考えていますか？　「なんだかわけがわからなくなってきたぞ」とか「これはどういう意味だろう」などなど、いろんな考えがあなたの心の中を流れていませんか？

今、あなたは心の中にいろんな考えがあることに気づいています。あなたがその考えに気づいているのですから、あなたはその考えではありません。あなたはその考えに気づいている存在です。

同じように、あなたの心の中にはいろんな感情が起こります。嬉しくなったり、悲しくなったり、怒ったり。あなたはその感情に気づいています。あなたがその感情に気づいているのですから、あなたはその感情ではありません。あなたはその感情に気づいている存在です。

すべてに気づいているあなた自身の存在を意識してみましょう。しばらくの間、そのちょっと不思議な感覚と共にいて下さい。

すべてに気づいているあなた。これが本当のあなたへたどりつくための最後のドアです。

この「すべてに気づいている自分」の存在を、普段の生活の中でもときどき思い出すようにしてみて下さい。それだけで、あなたの在り方が深い部分から変化していきます。

すべては自然に起こっている

すべてに気づいている私という感覚を意識し始めると、自分という感覚が深い部分から徐々に変わってきます。

それまで自分の考えだと思っていたものが、実は自分の考えなのではなく、心の中を自然に流れているだけなのだ、ということが見えてきます。それまで自分の感情だと思っていたものが、実は自分の感情なのではなく、心の中を自然に流れているだけなのだ、ということが見えてきます。

雨が降ったり、風が吹いたり、星が流れていったりするのは、誰かがやっているわけではなくて、ただ自然に起こっているだけです。それとまったく同じように、心という空間の中に思考が流れ、感情が流れています。それは誰かがやっているわけではなくて、ただ自然に起こっている。宇宙の大きな流れの中でただそうなっている。

この感覚に触れると「ありのままでいいのだ」という言葉の本当の意味がわかってきます。

本当の私〜ワンネス

激しい怒りや、どうしようもない悲しみの感情が溢れ出したとしても、それはただと雨が降るのと同じように宇宙の自然の一部であって、雨はそのうちやむだろうと思えます

「こんな自分ではだめだ」という否定的な考えが頭の中を流れていっても、それは風が吹くのと同じように宇宙の自然の一部であって、風もそのうちおさまるだろうと思えます。

その感情や思考は自分なのではなく、その感情や思考に気づいている存在がいるのだ、ということがわかってきます。その「すべてに気づいている私」のことを「目撃者」と呼ぶこともあります。でも、その「目

撃者」イコール本当の私ではありません。「目撃者」の視点は本当の私に気づいていくプロセスの途中に必要とされる一つの方便にすぎません。

自分の外側で起こっていることも、自分の内側で起こっていることも、すべてのことをありのまま見ている自分の視点、目撃者の視点を保ち、そこに意識的にとどまっていると、見ている自分と見られているいろんなもの（山や川や雨や風や車やパソコンや思考や感情……）との境界が薄れてくる感覚が起こり始めます。見ている自分がいて、見られている何かがあるわけではなく、その二つが実は同じものなのだ、という感覚が生まれるのです。あなたが山を見ているのではなく、あなたが山なのです。

「すべては一つである」「あなたが世界」「すべてが私」「私はいない」

きっとどこかで聞いたことのあるこんな言葉の意味が自然と腑に落ちてきます。

これは、それまであった分離がなくなって一つになる、ということとは違います。そもそもの最初から分離は存在していなかった、私とあなた、私と私以外という分離は見かけ上そう見えていただけだったのだ、とわかるのです。分離を信じてしまうことで生まれていた人生の苦しみや不安も夢の一部にすぎなかったのだとわかるのです。

２章　人生の意味

私はすべて、私は空っぽ

生きているといろんなことを考えるときがあります。これでいいのだろうか、とか、自分って何なのだろう、とか、何のために生きているのだろう、とか。

現代社会の中では、そんなことは考えてもしょうがないことだ、とか、そんなことを考えるのは暗い人間のすることだ、という感じで否定的に受け止められることが多いような気がします。でも、これらの疑問は人間が人間として生きていく上で避けて通れないものです。

物質的な文明が右肩上がりに進歩し続けていた間は、物質的により豊かになっていけばこれらの疑問もいつか解決されるという夢を見ていられたのではないでしょうか。あるいは、そこまで楽天的でなかったとしても、物質的繁栄を享受することでこれらの疑問のことは一時的に忘れておけたのかもしれません。

もちろん物質的な豊かさは素晴らしいことで、そのこと自体には何の問題もないのですが、物質的な豊かさだけに目を奪われてしまって、世界のもう半分をどこかに置き忘れてしまったのではないかと思うのです。

ただ、その半分というのは、単に心を大切にするとか、自分の気持ちを大切にする、ということだけではありません。

たしかに、それまでは自分の気持ちを抑え周囲に合わせることで生きてきた人が、自分の気持ちに気づき、それを適切に表現していくことで、より生き生きと生きられるようになる、ということはとても大切なことですし、その段階は成長のプロセスの中で必要なものです。

しかし、一人の人間として自分らしく充実した人生を生きられるようになったとしても、その肉体はいつか必ず消滅します。形あるものはいつか必ず崩れていく。

その事実に直面し始めたとき、人間はより深い自己探求に否応無しに導かれていきます。その旅は、驚くべき発見もある一方で、どうしようもない虚しさと向き合うことが必要な時期もあります。でも、いつの日か、霧が晴れていくように、疑いようのない確信とともに真実が見えてくるときがくるのです。

本当の自分というのは、生まれてきては死んでいくこの身体ではなく、苦しんだり悲しんだり悩んだり喜んだりするこの心でもなく、それらがやってきては去っていく空間そのものなのです。つまり、すべては私であり、同時に「空（くう）」なのです。

ですから、今どんなに苦しんだり悩んだりしていても、その体験を見ている自分、目撃者としての自分を意識していくことで、言い換えれば、悩みや苦しみなど、自分に起こっている出来事に意識を向けるだけでなく、それを体験している主体に意識を向けていくことで、そこから本当の意味で抜け出していくことができます。究極の解放、ということが観念としてだけでなく、実際に誰もが体験できる事実として存在しているのです。

しかし、本当の自分はこの身体や心ではなく、すべては空っぽなら、この身体や心には何の意味もないのでしょうか。そもそも人生に何か意味があるのでしょうか？

色即是空・空即是色

人生には確かに意味があって、それが見えてくると生きることがとても楽に、そして自由になってきます。この本では本来言葉では表現できないもっとも深いリアリティ、人生の真実をさまざまな表現を通して少しでも実感していただくことを目ざしていますが、それをいくつかの短い言葉で表してみます。

すべては空っぽで本当は何もない（色即是空）。でも、その「空（くう）」、空っぽさそのものが、今私たちの目の前にある驚異的で神秘的で素晴らしい世界（光があり、色があり、花が咲き、風が吹き、怒りも悲しみも喜びもあって、信じられないほど不思議なあなたと私がいる世界）となって現れている（空即是色）。

世界のすべてはその、空、意識、気づき、神、ワンネス、などなど、どんな言葉で呼んでもいいけれど、そのたった一つの存在（あるいは存在の基盤）のさまざまな表現であって、一見別々のものであるように見える私と山、私と本、私とあなた、私と世界は一つの同じもの。

私という存在が一人でこの世界の中を生きている、という感覚が小さくなってきて、自分を超えた大きな存在（空、意識、気づき、神、ワンネス……）が私と呼ばれているこの心と身体を通して表現されている、という感覚が深まってくる。一般的に言う「生かされている」という感覚。

孤独感や世界との分離感が癒されてくる。本当の意味での癒し、ヒーリング、心と身体の健康というのは、この「他と分離している自分」という感覚を癒すこと＝全体性を思い出すこと。

人生とは、一度分離の苦しみを体験し、そこから全体性へと戻ってくるプロセスそのもののこと。本当の自分に目覚めていくことが人間が肉体を持って生まれてきた目的。世界にはその進化の衝動が埋め込まれている。その進化のプロセスを意識的に体験していくことで、個人は世界の進化の流れに乗ることができ、より深く人生を味わい、楽しむことができる。

そして、全体性へとたどりつけば、そこから先の人生は神のゲーム（リーラ）となる。自分を通して宇宙のプロセスが展開していくのを見守っていく。

心と身体を含めた目に見えるものや感じられるものはすべてはかないものだけれど、それを通してこの人生を体験し、目覚めていくことができる大切な乗り物。この乗り物を大切にしながら、つまり、日常の生活を大切にしながら、その一瞬一瞬に全体性の感覚、ワンネスを感じて生きていくことが人生の意味、目的。

3章　意識の成長段階

心の病と意識の目覚め

第一部でご紹介した最初の目覚めの体験が起こる前の私はわけもわからずに苦しい状態でした。そして、その体験のあとも「これで自分は助かった」という思いもあった一方で、苦しさそのものはずいぶん長い間続いたのです。もしそのとき病院にいって「私が世界なんです」なんて言ったとしたら、心の病気だと診断されたかもしれませんね。

心の病がすべてスピリチュアルな目覚めと関係しているわけではありませんが、目覚めが起こり始めているのに、それを単なる病気だと考えて、成長のプロセスの大切な一部である苦しみを必要以上に薬で抑えてしまっている例も、少なからずあるのではないかと思います。

最近になって心の病が特に増えてきているのは、人間全体、宇宙全体の意識が次の段階へ進もうとする衝動が大きくなってきているのに、それに関する知識が少なかったり、そのエネルギーに恐れを感じたりすることで、どこかで抵抗してしまっているからではないでしょうか。

人間の意識の成長のプロセスには順番があって、まず自我（小さな自分・エゴ）をしっかりと確立し、その次に、その小さな自分を超えた大きな自分とつながっていく必要があります。この順番を飛ばすことはできませんから、目覚めの体験をしたとしても、そこから心の痛みを癒し、条件付けを手放し、健全な自我（小さな自分）を作り上げていく必要がある場合もあるのです。

すべては幻想で空（くう）なのだけれど、そのことを自覚的にこの目に見える人生の中で表現していくためには、つまり、空を生きていくためには、その足場としての小さな自分が必要になります。

もちろん、ある程度しっかりとした自我を確立した人であっても、目覚めのプロセスにはさまざまな苦しみがともないます。ただ、私のこの最初の体験は、自我（小さな自分）がしっかりと形作られる前に起こったので、その分、その体験を人生の中に統合していくプロセスにはより多くの困難があったように思います。この点については第3部で取り上げます。

三つの段階

人間の意識の成長段階を分類する方法はたくさんあって、例えばケン・ウィルバーは八つ前後の分類をしていますが、多くの分類法の中でおおよそ共通しているのは次の三つの段階です。

1. 自分（自我）を確立する前の、世界と自分との境界がまだはっきりできていない状態
2. 自分（自我）を確立し、自分という個人が世界の中で生きているということを自覚する状態

3．自分とは個人の心と身体を超えたものだと気づき、世界全体、宇宙全体を自分だと自覚する状態

この三段階にはさまざまな呼び方があるのですが、ここではマホロバアートの高木悠鼓さんが定義している「動物意識」「人間意識」「神意識」という呼び方を使ってみます。

1．動物意識の段階

肉体が生き延びることが関心のほとんどすべてで、その行動規範は「何かを得ること・持つこと」にある。生活の不安や、他者より、他の集団よりももっと得たい、という考えはこの意識レベルからくる。エゴは未発達で、自分のエゴにも他者のエゴにもほとんど気づいていない。

2．人間意識の段階

他者と違う自分というものを意識し、それを確立する段階。自己実現、自己表現をするために「さまざまなことを体験する」ことを望む。自分と他者のエゴが違うことに気づき、自分が所属している集団（家族、学校、国家……）の価値観を疑問に感じたり、再検討することが起こる。

3．神意識の段階

自分は一人の人間であり、個体であるという意識が崩壊し始める。このレベルでは得ることや体験することではなく「意識して存在している」ことが大切になる。

「この意識に完全に定着して、自己を超えたものを見てしまった人は、自分のエゴも他人のエゴも受け入れることができ、自分を抑圧することなく、他者のことを真に考えることができる。人間意識の崩壊が完成したとき、いわゆる〈悟り〉とか〈覚醒〉という現象が起こる。」（高木悠鼓『人をめぐる冒険』P37、マホロバアート、1998年）

ただし、これらの状態は、ある個人がいつも一つの段階にいるというわけではなくて、すべての人の中にそれぞれの状態が存在しています。一つの状態にある程度定着している場合、その段階にいる、という言い方をするわけです。

ですから、普段、ほとんど動物意識の段階にいる人が、何かのきっかけですべてとの一体感を感じて神意識を体験したり、人間意識の段階にいる人が、急に人生に対する不安や恐れに圧倒されるような体験をしたりすることもあるわけです。

段階という言い方をしていますが、これらの段階に良い悪いはありません。動物段階を体験しないで人間段階に成長することはありませんし、神段階も同じです。上位の段階の中にはそれより下位の段階がすべて含まれているのです。

また、それぞれの意識状態から世界はまったく違ったものに見えます。ですから、自分や他の人がどの意識状態、どの世界にいるのかを自覚しておくことは、より効率的なコミュニケーションのためには大切なことです。

引き寄せの法則

人間の意識が段階を踏んで成長していく、ということを考えたとき、さまざまなスピリチュアルな教えや考え方をどう利用していくか、という視点が大切になります。

例えば、少し前に（今もかな？）「引き寄せの法則」というのが流行りました。自分が考えているものが現実になるので、ポジティブなことを考えよう、というものです。

動物段階から人間段階へ成長していくプロセスを体験している人にとってはとても大切な考え方です。それまで世界の大きな力にほんろうされているように感じていた人が、自分が考えているように世界は作られていくのだ、プラスのことを考えれば人生はもっとよくなっていくのだ、と感じられ、自分の力で人生を切り開いていけるようになるのは素晴らしいことですし、人間の成長のプロセスでは必要なことです。

しかし、一方でセラピーを行っていると気になることもあります。引き寄せの法則という考え方を知り、それを実践して一生懸命ポジティブに考えようとしているのだけれど、思ったようにいかないとき、十分にポジティブに考えられない自分が悪いのではないかと感じ、ますます自分を否定し、罪悪感を感じてしまうとおっしゃる方もいるのです。

自分を力づけてくれるはずの考え方が、これでは逆に自分を苦しめてしまうことにもなりかねません。引き寄せの法則はおおよそうまくいくけれど、そうでない場合もあるでしょう。それに、もしポジティブなことがうまく引き寄せられたとしても、私たちの心と身体はいつか必ずなくなります。「死」という現実はどんなにポジティブに考えたとしても避けようのないものです。

そのことを意識し始めたとき、人間段階から神段階への移行が始まるのかもしれません。そこで大切になるのは引き寄せの法則やポジティブ思考ではなく、ポジティブもネガティブもない、すべてはただありのまま、ただそうなっているだけなのだ、という視点です。この段階に近づいている人がポジティブ思考にこだわっていると、そこから先に進めなくなるかもしれません。


このように、ある段階で必要だった考え方が、別の段階では障害になることもあるのです。また、それぞれの段階で必要な考え方がお互いにまったく矛盾している場合もあります。

ですから、精神世界やスピリチュアルと呼ばれている考え方にはさまざまなものがあって、一見矛盾しているように見えるものもあるのですが、それは、それぞれ必要とされる意識段階が違うだけなのだ、ということを理解しておくことが大切です。

まずは、自分にとって響くものがある考え方を「利用」して下さい。「考え方」「教え」「見方」というのは、それを利用することであなたがある地点まで成長したら、必要なくなるときがきます。手放すべきときがきたら、それを手放す、ということもまた大切なのです。

そして、最後にはすべての考え方を手放し、特定の見方なしに、ただ世界をありのままに見る、という感覚があります。そのときには見る人も見られる世界もなく、ただ「それ」だけがあるのです。

4章　投影

世界のはじまり

それにしても、もともとからすべてが一つで、すべてが「それ」、すべてが私であるのなら、どうして、一度そのことを忘れて夢の中をさまよい、また思い出すなんて面倒なことをしないといけないのでしょうか。

これにはさまざまな説明がありますが、私が一番しっくりくるのは、すべてが一つで何の動きもない安心だけの世界は退屈なので、スピリットが一度分離の世界（人間の世界）を体験したくてこの世界を作ったのだ、というものです。

もちろん、これも一つの説明、一つのストーリーにしかすぎませんが、目覚めの探求を進めていく上では役に立つ考え方だと思います。

もともと「私」とは存在の感覚そのもの、世界全体のことです。すべてが私だと言ってもいいし、私はいないと言ってもいい。生まれたばかりの赤ちゃんは分離の感覚を知らず、ただ存在そのものとしてそこにいます。

やがて成長していく中で、私たちは、自分のある一部は自分にはふさわしくないものと考えて、その部分を自分から切り離してしまいます。それはきっと、自分の身近な人たちとの関わりの中で、そんな部分があっては受け入れてもらえないと感じるからでしょう。

自分から切り離されてしまうのは、多くの場合、怒りや悲しみなどの否定的なものだと一般に考えられているエネルギーです。

「自分は怒ったりすることのない優しい人間だ」というアイデンティティに同一化してしまう（その考えを信じてしまう）と、怒りのエネルギーは影（シャドー）となって心の奥に抑圧されてしまいます。

「自分は悲しんだりすることのないいつも元気な人間だ」というアイデンティティに同一化してしまう（その考えを信じてしまう）と、悲しみのエネルギーは影（シャドー）となって心の奥に抑圧されてしまいます。

そうすることで、「自分」と「自分以外」という、世界の中に本来は存在していない分離を作り出し、それが人生の苦しみの原因となっているのです。

もともと平安しかなかった空間に、楽しくも悲しい「世界」というゲームが始まるのです。

影を取り戻す

怒っている人がとても気になったり苦手だなと感じるとしたら、あなたは自分の心の中にある怒りの感情に気づいていないのかもしれません。

子どもの泣き声がとても気になってしまうとしたら、あなたは本当はものすごく泣きたいのかもしれません。

時間にルーズな人を見ていらいらするとしたら、あなたも同じように時間にルーズに行動したいのかもしれません。

あなたの周囲の世界にあるものであなたの注意を特にひきつけるもの、なんだかわからないけれど気になったり、感情を動かされるものは、すべてあなた自身の影の投影です。

本来はあなたの大切な一部なのに、そのことを忘れ、自分ではないものとして自分の外側に押しやられてしまったその部分は、あなたに気づいてもらいたくて、あなたの愛を求めて、いろんな形であなたの注意をひきつけようとします。それが、あなたの世界にさまざまな問題（のように見えるもの）が現れる原因です。あなたの世界に苦しみ（のように見えるもの）が現れる原因です。

泣き止まない子ども、そばにいるだけでいらいらさせる夫・妻、いつも口うるさい上司、犯罪者、独裁者……。その人のことを思うだけで心が動かされてしまう誰かがいるとしたら、自分の中にその人と同じような部分がある、ということを意識してみましょう。

それは、その人と同じように振る舞う必要がある、ということではありません。

時間にルーズな人にいらいらさせられるとしたら、自分の中に同じようにルーズな部分、ルーズにやりたいと思っている部分がある、ということを認めるだけでいいのです。

いつも怒っている人がどうしても気になるとしたら、あなたも同じように怒る必要はありません。自分の中の怒りのエネルギーをありのまま感じとればいいのです。

もちろん、それと同時に、あなたは以前よりもう少しいろんなことに対して自由にいいかげんになれるかもしれません。必要なときにははっきりと怒りを表現できるようになるかもしれません。

自分が投影していたということに気づけると、つまり、投影を引き戻すことができると、それだけで生きる感覚はずいぶん楽になっていきます。自分の外側の世界だと思っていたものが、実は自分自身だった、ということに気づき始めるのです。

白い影

影の投影には否定的なエネルギーの投影だけではなく、肯定的なエネルギーの投影というものもあります。これを「白い影」と呼んだりします。

誰かのことを素敵だと感じて、その人にひきつけられることがあります。その相手が芸能人や芸術家、ミュージシャンなどであれば、あなたはその人のファンになります。もっと身近な人であれば、恋が始まるかもしれません。もちろん、片思いで終わる可能性もありますが。

否定的なエネルギーの投影に比べれば肯定的な投影は特に問題ないように見えますが、実はそうでもありません。身近な人に肯定的な投影をすると困ったことが起こります。

誰かのことを素晴らしい人だと思って近づいても、近づけば近づくほど、本当のその人を見ていたわけではなく、自分自身の投影を見ていたのだと気づいて、幻滅します。そして、その人が自分の思っていたような人でないことでその人を責めてしまったりするのです。ただ自分自身を見ているだけなのに。

このように、肯定的な投影をし合うことで互いにひきつけ合った関係は、いとも簡単に否定的な投影をしあう関係へと変わってしまいます。一見親密な（あるいは、激しく反発しあっている）人間関係は、互いの投影によって成り立っているのです。

このことに気づけば、人間関係の問題のほとんどは解決します。

あの人は悟っている？

悟りや非二元に興味を持っている方に注意してほしいのは「あの人は悟っている人だ」という投影です。「悟っている」も「悟っていない」も思考が作り出した分離（ストーリー）にしかすぎません。悟りというのはすべての人の本性そのものです。

そのことを忘れてしまって、自分は悟っていないだめな人間で、あの人は悟っているすごい人だ、というストーリーを信じてしまうと、自分の中にもともとある悟りにいつまでも気づけなくなってしまいます。

もし誰かのことを「あの人は悟っているすごい人だ」と感じたら、その「悟っている」という性質は自分の中にあるのにまだ気づいていない部分なのだ、ということを思い出して下さい。すごいのは自分自身なのだ、ということを思い出して下さい。

あなたが憧れているあの人が持っている素晴らしさは、実はあなた自身の中にあるけれどまだあなたが気づいていない部分なのです。

肯定的な投影は自分が本来持っているパワーを他者に渡してしまうという意味で、危険なものです。誰かに強くひきつけられるときには、このことを思い出してみて下さい。

5章　思考・感情・身体

苦しみの原因は「私」という思考

セラピーを始めた最初の頃、私は皆さんに次のようなことをよくお話していました。

「人生の苦しみのたった一つの原因は『ありのままの私ではだめだ』という考えである」

このことは、あるレベルではその通りなのですが、これをもっと深い部分まで探求して行くと、次のような真実に目覚めるときがやってきます。

「そもそも、その『私』という考えそのものが苦しみの原因である」

これではあまりにも抽象的すぎてわかりにくいでしょうか。同じことをいくつかの違う言い方で表現してみます。

・周囲の世界から分離された「私」が存在しているという考えを信じてしまっていることがすべての苦しみの原因である。

・この皮膚に包まれた私という小さな存在が自分の力だけで、このわけのわからない恐ろしい世界の中で生きていると思い込んでしまっているのがすべての苦しみの原因である。

・この無限に広がる広大な宇宙の中に、小さな私がポツンと存在しているという感覚を信じてしまっているのがすべての苦しみの原因である。

どうでしょうか。これらの言葉が表現しようとしている微妙な感覚だけでも感じ取ることができるでしょうか。最近はやりの非二元的な表現を使えば「私」は存在していないのです。

私が苦しみ、私が病気になり、私が死を恐れ、私が苦しさのあまり死にたいと思ったりしてしまうのに、そもそも、その苦しみの主体となる「私」が存在すらしていないとしたらどうでしょうか。いったい、「私」が苦しんでいると思っていたのは何だったのでしょうか。

でも、この私の身体は確かにここにあるし、私がいろんなことを考え、感じているよ、と思うかもしれません。ここに思考のマジック、思い込みの力が存在しているのです。

私の思考は誰のもの？

「私」がいない、というのは、あなたや私の身体が本当はまぼろしで、透明人間のように何も存在していないのに、あるつもりになっているだけだ、というわけではありません。なくなるのは個別の行為者としての「私」という感覚だけであって、そうなったときに初めて、それまで「私」という言葉でさまざまな制限を与えてきたこの心と身体が、世界の中でもっとも私らしく生きて行けるようになるのです。

この身体は確かにここにあるし、心の中にはいろんな思考（考え）や感情が浮かんできます。でも、そのどれもが「私」個人のものだという感じがしなくなってくるのです。大きな私の中に思考や感情やこの身体が生まれてきては消えていく、そんな感じがします。

これを読んで下さっているあなたは今何を考えているでしょうか。そうだとしたらあれこれ心配しなくてもいいし、なんだか楽だなと思っているでしょうか。そんなことを言われても、これを読んでいる私が今まさに「なんだかよくわからないぞ」と思っているよ、と考えているかもしれませんね。

そう、今まさにあなたの心の中に浮かんでいる思考（声に出していない考えの流れ）に気づいて下さい。あなたはその思考を「私の思考」だと思っていますが、本当にそうなのでしょうか？

少しでも瞑想をしたことのある方なら、思考を見つめる、というような言い方を聞いたことがあるかもしれません。ここで話されていることに多少ピンとくる方もいるかもしれません。

まず、あなたの心の中に浮かんでくる思考をよく眺めてみてほしいのです。

「思考を眺めるって、どういうことだろうか……」

その思考の最初の言葉（最初の声に出さない音）

「し・こ・う……」

と心の中に流れ始めたときに、それに気づくようにして下さい。その思考が心の中に浮かんでくる一番最初の瞬間を意識してみて下さい。

すると、あなたが「自分の」思考だと思っているその考えは、あなたの意思とは関係なく、ある瞬間にどこからともなくあなたの心の中に現れてきていることがわかります。

「よくわからないなぁ」「眠たいなぁ」「腹が立つ」「悲しい」……

どこからともなくあなたの心の中に浮かんできた思考に気づいた次の瞬間、あなたはこれまでの習慣にしたがって自動的にその思考を「私の思考」だと思ってしまいます。

「私はよくわからない」「私は眠たい」「私は腹が立つ」「私は悲しい」……

これまで無意識のうちに「私の考え」「私の思考」「私の感情」だと思ってきたものを、少しだけ違う視点で見ることを意識してみて下さい。つまり「私の……」という言葉を外して「ただ考えがある」「ただ感情がある」というふうに。

例えば、「よくわからない感じがある」「眠たさがある」「怒りがある」「悲しさがある」

それらを自動的に「私のもの」だとしてしまう無意識の条件付けに気づいて下さい。思考や感情を自分のものだとする思い込みから解放されると、思考が生まれては消えていくスペース、大きな空間を感じることができます。

考えることで感じないようにする

私たちは今この瞬間、ありのまま、このままで完璧なのですが、そのことに気づくためには、少しだけ見方を変える必要があります。

これまで当たり前のように「自分の思考」「自分の感情」「自分の身体」だと思っていたものが、実は「自分の」ものではなく、ただそこにあるもの、言い方を変えれば、宇宙のもの、神のもの、だということに気づく必要があるのです。

しかし、この考え方には少し気をつけるべき点もあります。

「身体は（思考は、感情は）自分ではない」という考え方を知ってそのことを頭だけで理解してしまうと、身体を無視したり、感情を抑圧したりしてしまう可能性があります。目覚めが深まっていくと自然に気づいていく真実を表現している言葉が、その目覚めの深まりを妨げてしまう可能性があるのです。

これは、動物段階→人間段階→神段階へと続く意識進化のプロセスとも関係しているのですが、まずは身体、思考、感情を完全に自分のものだとしてその存在をありのまま認識すること、受け止めることが必要です。それらが完全に自分のものだと実感されて初めて、それらが実は本当の自分ではないのだ、という気づきへの可能性が開かれるのです。

ほとんどの人は自分の感情にあまり気づいていません。感情は身体の中にエネルギーとして埋め込まれていますから、感情を自覚していない人は身体にも気づいていません。

感情に気づかないようにしておくためには、心の中を思考でいっぱいにしておく必要があります。心の中を思考で埋め尽くしておくことで、気づきたくない感情が心の表面に浮かんでこないようにしているのです。

ありのままの自分、エゴとしての小さな自分を超えた大きな自分に気づくためには思考との同一化（思考を自分だと思いこんでしまうこと）から離れていくことがとても大切なのですが、感情を抑圧したままだと、感情に気づかないようにするために強迫的に考え続けてしまいますから、思考を離れて見る、ということがとても難しくなってしまうのです。

ほとんどの方にとって、癒しと目覚めのためにまず第一に必要なことは、感情に気づき、それを一度自分のものとしてしっかり認めた上で、手放していくことです。

このプロセスが深まっていくと、無意識に続いている思考が自然と静まってきます。考えることで感情を閉じ込めておく必要がなくなってくるのです。すると、思考は本当の自分ではないということが理解しやすくなってきます。


思考が静まって、思考と思考のすきま、思考が生まれては消えていくスペースを意識できるようになると、そのスペースに自然と感情が浮かんできやすくなります。そのスペースは無意識に閉じ込められていた痛みをありのまま受け止める受容的な空間、癒しの空間となります。

感情に気づくことと思考のすきまに気づくこと、この両方のプロセスを意識的に進めていくことで、さらに癒しと気づきのプロセスが深まっていく好循環が生まれるのです。

6章　ありのままの自分を愛する

「ありのまま」の意味

ありのままの自分を愛することが大切だと言われます。でも、その「ありのまま」とはいったい何なのでしょうか。

もっとも深い視点、非二元的な視点から見れば、ありのままとはただありのまま、今そうなっているままです。仏教では如性、真如などと呼ばれます。

ちなみに、私は英語の仏教書の中でこの如性という言葉が suchness と訳されているの読んだときに、この言葉の意味が深く納得できた経験があります。

suchness ～そうなっていること。今まさにそうなっていること。

この視点から言えば、今そうなっていることがまさにありのままであって、ありのままでないことは何もありません。すべてがもともとから、そしてこれから先も、いつでもどこでもありのままなのですから、何かを変えようとする必要もありません。

常に、すでに、すべてのことはただそうなっているだけなのです。

この感覚を実感できるのなら、それ以上に何かをする必要はありません。ただ、その感覚とともに生きて下さい。

そういわれても今ひとつよくわからない、と感じるかもしれません。そんなことを言われても、やっぱりこの自分がありのままでいいなんて思えない、という思考が浮かんでくるかもしれません。

もしそうだとしたら、もう少し違う視点から「ありのまま」という言葉を見ていく必要があります。

とは言っても、それは、自分には何か問題があって、それを直していく、変えていく、というようなものではありません。ただ、自分というものを見る視点を変えていくだけ、というような感覚です。

ほとんどの人は自分のありのままの姿を認め、許すことができていません。すると、スピリチュアルな存在としての、大いなる存在としての自分にも気づくことができないのです。

人は人生の初期の段階で、どう振る舞ったら周囲の人に受け入れてもらえるか、愛してもらえるかを無意識に学び、受け入れてもらえないと思う自分自身の側面を無意識に抑圧してしまいます。周囲に受け入れてもらえると思い込んでいる自分の一部を寄せ集めたものがいわゆる「性格」です。

私という夢から目覚め、本当の自分の姿（大きな自分、大いなる存在、神、etc...）そのものに気づいていくためには、自分の大切な一部であるにもかかわらず心の奥に閉じ込められ、自分から切り離されてしまった側面に光をあて、それを取り戻していく必要があります。「性格」と呼ばれる仮面の奥に置き去りにされてしまった自分自身を再発見していかなければならないのです。

すると、自分の本当の姿に気づく体験が起こりやすくなります。瞑想などの実践を行っていても、その体験が深まりやすくなってくるのです。

「自分を愛する」ということ

楽になっていくためには自分をもっと愛してあげることが必要だ、ということはいろんな本に書かれていて、みなさんも一度は聞いたことがあるのではないでしょうか。しかし、「自分を愛する」ということの本当の意味を理解している人はずいぶん少ないようです。多くの人が、今体験している苦しさ、辛さからなかなか逃れられなくなっているのはそのせいなのです。

ほとんどの人は「自分を愛する」という言葉を聞いたときに、「こんな自分を好きになるなんて無理だ」と言います。まず、ここに人生を苦しくする大きな誤解があります。「愛する」ことは感情的に「好きになる」こととは違うのです。

今、あなたがあなた自身を嫌いだとしても、それは問題ではありません。自分のことが嫌いな自分自身をそのまま許して下さい。そのまま認めてあげて下さい。「愛する」ということは「そのときどんな状態にあっても、今こうなっているのにはそれなりの理由があって、今はそれでもいいのだ」ということを受け入れるということなのです。

つまり「自分のことが嫌いな自分がいる」ということを、判断したり裁いたりせず、ただそのまま受け入れる、ということなのです。嫌いなら嫌いでオッケー、そんな自分でも大丈夫、ということです。

でも「受け入れる」ってなに？　「そのまま認める」ってどういうこと？　と疑問を感じる方も多いかもしれません。次の大切なステップはここです。

「受け入れる」「そのまま認める」というのは、頭で考えるプロセスではありません。もしあなたが頭の中で「よし、私は自分のことをそのまま受け入れるぞ。自分が嫌いでもいいんだ。うん、そのままでいい！」と考えているとしたら、それはもちろん「どうして私ってこんなにどうしようもないんだ。もうこんな自分なんかいなくなってしまえ！」と考えているのに比べれば、とても素晴らしいことです。しかし、それだけでは本質的な変化は起こらないかもしれません。

ここで大切なことは、「感じる」ことです。「自分を愛するって何だろう」とか「こんな自分を愛するなんて」とか「よし、自分のことを受け入れるぞ」などと考えている、まさにそのとき、それらの考えをちょっと脇によせて、そのとき感じているさまざまな感情、さまざまな感覚を意識してみて下さい。イライラする感じ、寂しい感じ、なんだか情けないような感じ、ほっとするような感じ、さまざまな感覚があるでしょう。

そして、同時に、あなたの身体をよく感じとってみます。身体のどこに力が入っているでしょうか。どの部分はゆったりリラックスしているでしょうか。どこかにジーンとするような微妙な感覚はありませんか。それらの感覚を意識して、頭で判断したり分析したりせずに、ただ味わってみましょう。そこにあるのが不快な感覚であっても大丈夫です。ただそのまま感じることができると、その感覚そのものが変化していきます。

実は「自分を愛する」「自分をありのままに受け入れる」というのは、まさにこのこと、つまり、心や身体の奥にある感覚をそのまま味わうということなのです。

自分の内側深くにある感覚を意識的に感じ始めると、最初に感じるのは心地よい感覚というよりはむしろ、いらいらするような落ち着きのない感覚であったり、言葉に表しにくいようなぼんやりとした不安のような感覚であったりすることが多いです。場合によっては感じようとしても、何も感じられないこともあります。そうなると、感じることが大切だと頭ではわかっていても、そこから先に進めなくなるときがあります。こんなことをやって何になるんだろう、という考えが浮ぶかもしれません。

でも、ここで焦ってはいけません。あなたは長い間、人生をうまくやっていくためには、自分が感じるように感じてはいけないのだ、と思い込んでいたのかもしれません。そうだとすると、自分の感覚に気づき、その奥にあるもっと大切なものにつながっていくためには、ある程度の時間とエネルギーが必要です。

まず、どんないやな感覚が浮んできたとしても、何かが間違っているわけではない、ということを覚えておいて下さい。その感覚は、人生の初期の頃から、心の奥にずっと閉じ込めてきたものです。今、その感覚が心に浮んできたということは、あなたの人生にとって、とても大切な一歩が始まったということを意味しています。自分を癒していく大切なプロセスが始まったのです。

その嫌な感覚、否定的な気分を、あなたの心の奥で長い間泣いていた大切な子供のように考えてみて下さい。あるいは、あなたの心の奥にあまりにも長い間閉じ込められて機嫌を損ねてしまった神様だと思ってみて下さい。どんなイメージでもいいですから、その嫌な感覚、否定的な気分を、あなたにとってかけがえのない、大切なものに置き換えてみて下さい。

それらは、今この瞬間、あなたの中にあるものですから、とても大切なあなたの一部であることは間違いないのです。その大切なあなたの一部をあなた自身が否定していては、生きるのが苦しくなってもしかたありません。

それらの嫌な感覚、否定的な気分を、あなたの意識的なやさしさ、思いやりで包み込んでいることを想像してみて下さい。柔らかい毛布でくるんだり、胸に抱き締めてみるのもいいでしょう。心の中で何かが緩んで、ほっとする感覚が広がって来るかもしれません。そしたら、その感覚をよく味わってみましょう。

それが嫌な気持ちであれ、心地よい気分であれ、今、この瞬間に起こっていることを頭で判断せずにそのまま感じ取ることはとても大切なことです。それが「自分を愛する」ということなのです。

場合によっては、それでも何も感じられない、ということもあります。そんなときは、自分が今この瞬間、どんな気分でいるのか、ということをときどき自分に聞いてみて下さい。「今とても嫌な気持ちだ」「今とても腹がたっている」「今なんだか嬉しい」。

1日に数回でもいいですし、その内容は否定的なものばかりであってもかまいません。今この瞬間の自分の気持ちに気づくことができると、それだけで人生の質は変わり始めます。自分の中の大切なものとのつながりが回復してきます。

自分の中にあるものをすべてありのままに感じることができると、ありのままのもう一つの意味がわかってきます。私を十分に感じると、「私」という夢から覚める道が見えてくるのです。

焦らなくても大丈夫です。うまくいかなくても自分を責めないで下さい。あなたはあなたのままで大丈夫です。いつでもありのままで大丈夫です。

7章　人生の危機は新たな扉

仕事（job）と天職（vocation）

セラピーを受けに来て下さった方から「なぜ中野さんはセラピストになろうと思ったのですか」という質問を受けることがあります。これはなかなか難しい質問です。ぼんやりと、こういう仕事ができたらな、と思ったことはありますが、セラピストになろうと真剣に考え、それに向けて努力をしたということがないからです。

最初の一瞥体験が起こる前から、自分はどこかおかしいのではないかとうすうす感じていました。なので、大学に入った頃から、本来の専門である経済学はそっちのけでフロイトやユングを手始めに心理学の本ばかり読んでいました。その読書でなんとなくわかってきたこともあったのですが、そのことで何かが変わったわけでもありませんでした。

そうこうしているうちに身体や心のほうがだんだんおかしくなってきて、ついに内面で何かが爆発したわけです。

それは、長い間閉じ込められて、身動きがとれなくなっていた魂のエネルギーが本来のバランスを取り戻そうとする自然な働きだったのだと思います。

　一度その動きが始まると、それを無視するのはなかなか難しいのですが、私の場合は、その魂のプロセスの意味を直感的には理解しながらも、親や周囲の世界から条件付けられた思考パターンは強力なものがあって、大学を出てから一般企業に就職しました。当時はそれ以外の選択肢は考えられなかったのです。

　それはまた、親から物理的な距離をとって生活するため、つまり内的なプロセスをさらに深めていく環境を得るためにも必要なことでした。つまりjob＝生活のための仕事、ですね。

　また、それは親や周囲の世界からも妥当なものだと認めてもらえる生活の形、でもありました。

　ところが、すでに「生きるということはそれだけではない」ということをかいま見ていた私にとって、その職場は最初から「ずっといる場所ではない」という感覚がある場所でした。そうかといって、何をしたいのか、どうしたらいいのか、ということもまったく見えていなかったのです。


　その当時（１９９１～１９９６年頃）の私は、会社での仕事を最低限こなしながら、セラピーを受けたり、本を読んだり、後に妻となる人とのプロセスを深めていったり、ということにほとんどすべてのエネルギーを費やしていました。生きていることがあまりにも辛くて、それをどうにかしたい、ということだけで日々を過ごしていたように思います。

　東京～大阪間の毎週の移動を伴うような遠距離恋愛を今振り返ってみれば、よくそんなことができたな、と思うのですが、魂が本来の姿を取り戻そうとするエネルギーにはとんでもないパワーがあったのです。

そうこうしているうちに自分の中で何かがストンと落ちるような感覚があって、もうこの職場でやることは終わった、という確信のようなものがやってきました。会社勤めを始めてから4年半ほどすぎていました。それと前後して、会社の中でとても嫌だった人のことが全然気にならなくなったり、会社にいても自分だけが別の世界にいるような感覚が出てきました。

５年勤めた会社を辞めて妻と暮らしつつ、会社勤めの間は受けられなかった集中的なセラピーのコースを受けたりしているうちに、それまでは自分自身を楽にしたい、癒したい、自分のこの苦しみをなんとかしたい、という気持ちで学んできたことがいつのまにか少しずつ仕事になってきたのです。

それは親や周囲の世界の一般的な基準からはずいぶん離れているけれど、魂（大いなる私）が本当に求めているもの、この中野真作という名前で呼ばれてきた心と身体を通して魂がこの宇宙の中で表現したがっていたもの（vocation＝天職）なのだな、と思います。

私は、魂（大いなる自分）のエネルギーが自我（親や世界の条件付けによって作られた個としての自分）の仮面を破って溢れ出してくる体験を23才という若い時期に初めて経験しました。一般的には、このような体験は中年の危機と呼ばれるように40～50代の頃に起こり始め、人生の後半に向け本来の自分を取り戻すように働きかけてきます。

そのプロセスは、それまで「これが自分だ」と思い込んできたものを揺るがすようなものですし、いったいこれまでの自分は何だったのか、という空虚感をともなう辛いものかもしれません。

しかし、このプロセスをしっかり体験し通り抜けることで、人生の初期には感じることのできなかった、そして、そんなものがあるなんて想像することもできなかった生きる意味と安心感を感じることができるのです。

その最初の兆候はさまざまな形で現れます。心や身体の病気、事故、人間関係のトラブル、微妙なイライラや落ち着きのなさ、理由のわからない不安感。

それらの兆候をたんなる心身の不調や、困ったことだと思うのではなくて、魂からの大切なメッセージとしてとらえることが偉大な発見の旅の最初の一歩になるでしょう。

中年の危機

人間は、人生の前半期、自分という感覚をしっかり育て、知識を貯え、社会の中での居場所を確保し、伴侶を得て子孫を残し、つまるところ、目に見える形での拡大を求めていきます。そうすることで経済的にも精神的にも安定してくるし「それが生きるということなのだ」と周囲の人々（＝社会）から、はっきりとした言葉で、あるいは無意識のうちに伝えられるからです。

その気になってがんばっていれば、まあまあものごとは順調に進んでいき、何かを達成したときにはある程度の充実感を感じることもあって、多少の不安や不満はそれほどはっきりとは意識されないまま、人生の時間はすぎて行くことが多いのでしょう。

ところが、人によってその時期は違うかもしれませんが、人生のある地点に達すると、「何かが違う」という感覚が大きくなるときがやってきます。それは、最初はそれと気づかないような微妙な感覚で始まることもあれば、身体の不調として現れることもあります。退職、結婚、離婚、子供の自立などの人生の節目に感じ始めることも多いようです。

そんなとき、周囲の人たちに相談すると、一般的には「何か目標を持て」とか「趣味を持ってみたら」というようなアドバイスをされることが多いかもしれません。それはつまり、「何かが違う」という感覚を感じないように、気をまぎらす、という方向です。一時的にはうまくいくかもしれませんが、「何かが違う」感覚は、そのうちもっと大きくなってきて、もう無視できないほどのエネルギーとなって人生を揺るがし始めるのです。

それは、もしかしたら、大きな病気であったり、事故であったり、とりかえしのつかない（と感じる）大きなトラブルであったりするかもしれません。ここまできてやっと、この「何かが違う」という感覚をもっと大事にしなければ、と気づき始める人もいるのです。

実は、この目に見える物質的な世界は、世界全体の、いわば、半分だけなのです。人生の後半は、誰にとっても避けようのない肉体の死に向けて、人生の前半期には触れないようにしていた人生の残り半分を探究し、統合していくための時間なのです。

この移行の時期には、それまで人生を生きていく上で大切にしていたものの見方や受け止め方、つまり、人生の枠組み自体が大きく変わっていきます。別の言い方をすると、それまでの古い自分が死に、新しい自分に生まれ変わっていく時期でもあるのです。

その「死」は心理的な意味の死なのですが、それに対して抵抗していると、肉体の死と同じようにとても怖いもののように感じられます。

一方、その移行のプロセスに意識的に心を開いて、体験を味わっていくと、人生がもたらしてくれる最大の喜びを感じることができます。私達がなぜ生きているのか、ということが直感的にわかり、「これでいいのだ」という安心感が大きくなってくるのです。

「中年の危機」というのは、この移行期間に体験するさまざまな困難を表している言葉なのです。


この困難を乗り越えていく最大のポイントは「自分が本当のところは何を感じて生きてきたのか、ということに気づいていく」ことです。多くの人は、個人としての自分を確立していく中で、本当の自分の一部を、魂としての自分の一部を無意識のうちに切り捨ててしまっています。その部分を再び取り戻していくことが大切です。

この困難を特に強く感じる方は、切り捨ててしまった部分のエネルギーがあまりにも大きいのかもしれません。そうなると、生まれ変わることにとても強い抵抗を感じ、頑に古い自分にしがみつくことで、一時的な安心感を得ようとしてしまいます。自殺にまで追い詰められる方は、心理的な死（＝新しい自分として生まれ変わること）があまりにも怖く、あるいは、そんな可能性すら考えられなくて、肉体のほうを終わりにしてしまうのではないでしょうか。

現代の社会の中では、こういった人生の深い移行期に関する情報があまりに少なく、その苦しみの先には人間として生まれてきた意味を完結させるとても意義深い体験が待っているのに、そこにたどり着けないまま人生の後半期を不安や怖れの中で漫然と過ごしている人があまりにも多いように感じます。

まずは、あなたの内側には、まだあなたが意識したことすらない大きな可能性がある、ということを考えてみて下さい。その可能性に気づくために、自分の中にあるさまざまな条件付け（こうでなければならない、という思考）によって切り捨てられてきた、自分の正直な感情、感覚を意識してみて下さい。それがどんなにとんでもない感情や感覚のように感じられても大丈夫です。ただ、長い間ほったらかしにされていたがゆえにそう感じるだけで、きちんと光をあててあげれば、大したことはないのです。

一方、宇宙全体の意識の進化が進んでいる現代では、「中年」と呼ばれるような年齢に達していない、つまり物質的な世界での拡大をまだそれほど体験していない若い人たちの間にも、深い意識の変容を体験する人が確実に増えています。そんな人たちは、これからの世界の中でとても大きな役割を持っている人たちなのではないかと思います。

死にたくなるとき

人間はなぜか死にたくなるときがあるようです。私自身は強く死にたいと思ったことはないのですが、一番苦しかったころ「どうしようもなく辛くなっても、死ねば楽になるのだから」と考えることで、その苦しさが少し楽になった記憶があります。また、自分が突然自殺してしまうのではないかと感じて、そのことが怖かったこともありました。

その後さまざまな目覚めのプロセスを体験していく中で、人生と世界の真実が少しずつ見えてきて、生きることがずいぶん楽になってきました。その途中で、ときどき「死にそうな気分」になることがあったのです。これは「もう死んでしまいたい」といった思考ではなくて、身体全体で感じる違和感、不快感、なんだかどうしようもないような落ち着きのなさ、といったような感覚でした。

最初のうちは、その感覚がやってくるとテレビを見たり、ギターを弾いたり、外に出かけてみたり、つまり何かをすることでその感覚をまぎらわそうとしていました。

やがて、自分の内側で起こることをそのまま感じることが癒しと目覚めのプロセスではとても大切なのだ、ということがわかり始めた頃、「そうだ、この『死にそうな気分』をよく味わってみよう」と気づいたのです。

それはとても不思議な感覚でした。

苦しさがすぐに消えてしまうわけではないのですが、苦しさがあるのと同時に、心の奥に何か安心できるような、ほっとするような感覚が生まれてくるのです。

一度そのことを実感できても、また同じような辛さがやってくると、しばらくの間は「それを感じればいいのだ」ということは忘れてしまっていて、苦しみにほんろうされるのですが、どこかの地点で「そうだ、感じればいいのだ」ということを思い出すことができ、安心感を感じられる場所に少しずつ早く戻れるようになってきました。

このとき、いったい何が起こっているのでしょうか。ひとつは、自分の本当の感覚をありのまま感じられたときには、自分の深い部分とつながり、自分をありのまま許すことができているのです。いいかえれば、自分を愛することができているのです。

また別の表現をすれば、古い自分が死んで、新しい自分が生まれてきている、とも言えるでしょう。というよりも、もとからあった本来の自分が姿を見せてきた、と言ったほうが近いかもしれません。いわゆる「死と再生」のプロセスが進行しているのです。

私たちは自分で自分を制限して苦しんでいます。「自分とはこんなもの」という強固な思考は、自分の内側にあらゆる可能性があるということをほとんど忘れさせてしまいます。そして、自分で自分を苦しめたあげくに「もうどうしようもない、何の可能性も残されていない」と考えて、自分の身体を終わりにしてしまう以外の選択肢が見えなくなってしまうのです。

でも、身体を終わりにしなくても、心を終わりにする、つまり、それまでの制限された自分を手放して新しい自分に生まれ変わる、「私」という夢から覚める、ということが可能なのです。

死にそうに辛くなったときには、このことを思い出してみてほしいのです。あなたの中にはあなたが考えたことすらない大きな可能性があって、身体の死ではなく、心の死を通過することで、今まで意識したこともない新しい世界へ生まれ変わることができるということを。これは、特別な人に与えられた超能力のようなものではなく、人間が本来持っている自然な力なのだ、ということを。

そのことに気づくための第一歩は、あなたがあなた自身としっかりつながること。あなたの寂しさや怒りとしっかりつながること。すると、あなたの中にある大いなる喜びとつながる道が開けてきます。

毎日さまざまな体験をし、喜んだり苦しんだりすること、つまり、この身体を持って一人の人間として生まれてきたということは、この身体と心を超えたところにある本当の自分の可能性に気づくためなのです。

すべての思い込みを手放す

死にたくなるときというのは、今の自分を超えた新しい自分に生まれ変わろうとする衝動が魂の深いところからわきだしているのに、それにどう対処していいかわからない、その衝動をどう扱っていいかわからない、そんなときです。

ただここで言う「生まれ変わる」というのは、今こう考え行動している自分が、それとは違うように考え行動する自分になる、ということとは違います。「生まれ変わる」という表現をすると、言葉の制約上どうしてもそんな感じがしてしまいますが、根本的に違うのです。

それは、それまでこれが私だと思っていたすべての考え、例えば、

私は生きるのが辛い
私は誰の役にも立たない
私は誰にも愛されない
私は寂しい
私は心配ばかりしている

私は自信がない
私は会社員だ
私は主婦だ
私は無職だ
私は親だ
私は子どもだ
私は男だ
私は女だ
私は人間だ

などなど……


つまり、ありとあらゆる「私」にまつわる考え、思い込みを手放してしまう、ということなのです。

「生きるのが辛い」と考えなくてもやっぱり辛いよ、と思うかもしれません。もちろんそうかもしれませんが、その辛さについて言葉を使って考え続けることでその辛さをいつまでも持続させている、という面もあります。

どんな感覚が起こってきても、そのことについて考えることをできるだけやめて、身体の中にわき起こってくる感覚そのものを意識することを心掛けて下さい。そうすると、その感覚自体が変化してきます。

あらゆるものは変化していくのが本来の性質ですから、同じ感覚（この場合は辛さ）がいつまでも続いているというのは、どこかで変化しないように心と身体を緊張させて、自分で頑張っているわけです。

そして、その心身の緊張感、頑張っている感覚そのものが「私という感覚」です。つまり、心理的に死ぬこと、生まれ変わること、というのは、「私という感覚」なしに生きていく、ということなのです。

それは別に、心や身体が消えてなくなるわけではありません。それ以前と同じようにこの心や身体もここにあって、同じように機能しているけれど、私が動いたりしゃべったりしているという感覚が小さくなってきて、世界が（宇宙が、神が、意識が、でも言葉は何でもいいのですが）この心と身体を通して何かを表現している、という感覚です。小さな私が大きな私に場所をゆずっていくような感覚と言ってもいいでしょう。

小さな私がどんなにがんばって自分を改善し、楽になろう、よい人間になろうとしても、それは一時的、表面的な変化でしかありません。そもそも苦しみの原因は（心と身体にしばられた小さな）私という感覚があること、その感覚にとらわれていること、そのものだからです。

心の病、心理的な苦しみの本当の解決は、この「小さな自分」という感覚から解放されることにあるのです。

8章　過去からの解放

意識の目覚めとアダルトチルドレン

「アダルトチルドレン（AC）」という言葉をご存じですか？　直訳では「子どものような大人」ですが、その正確な意味は、「機能不全家族で育って大人になった子ども（Adult Children of Dysfunctional Family）」のことで、その最初の2語を使って省略しているのです。

機能不全家族というのは、家族が家族として本来必要とされている機能を果たしていないということです。子どもは家族（＝最初の親密な人間関係）の中でありのままの自分として尊重されることで健全な自我（自分という感覚）を育み、自分が自分としてこの世界の中で生きていても大丈夫なのだ、という根源的な安心感、信頼感を感じます。

こうして「世界は自分の味方なのだ」という感覚を感じ、その世界への信頼感をベースにして、世界に向けて自分を適切に主張したり、深い人間関係を作っていくことができるようになるのです。

ところが、不幸にしてこうした根源的な安心感をほとんど、あるいはまったく感じたことのないまま大人になっている人（アダルトチルドレン）もたくさんいます。そういう人たちにとっては生きているということ自体がとても辛くて苦しいものになります。

理由のわからない不安感や空虚感、生きている意味がないような感覚に襲われることもあるでしょう。

自分が適切に扱われていないと感じると、人は怒りを感じます。ところが、機能不全家族の中ではその怒りを感じることすら許されていませんから、自分が怒りを感じているという事実は心の奥に閉じ込められてしまい、周囲の世界に投影されて、理不尽な怒りを人からぶつけられたり、その怒りが自分を攻撃して病気になってしまうこともあります。

癒しと目覚めのプロセスの中では、抑圧されていた否定的な感情に光を当てていくということがとても大切になりますが、その中で自分でも意外なほどの激しい怒りが込み上げてきてビックリしてしまうことがよくあります。この怒りはこんなところに理由があるわけです。

と、ここまでは通常の「アダルトチルドレン」の理解です。ここで（ある程度）健全に機能している家族というのは、家族の中で情緒的なつながりがあることや、感じていることをお互いに自由に話し合い、そう感じているということを認め合える、というような状態を意味しています。ものの本によれば、そんな家族は全体の20％から５％くらいだと考えられているようです。

しかし、「機能不全家族」という言葉にはもう一つ深い意味があるのではないかと私は思っています。

自我がまだ十分に発達していない子どもは自分の本質とのつながりを深く意識しているはずです。つまり、魂としての、神としての、意識そのものとしての自分の存在を無意識に感じとっているのではないでしょうか（もちろん、大人も含めて皆がそうなのですが、通常の大人はそのことをほとんど意識していません）。

すると、魂として、神として、意識そのものとして自分のことを扱ってもらえないことは、子どもにとっては大きなストレスとなり、怒りを感じる体験なのではないかと思うのです。

しかし、そのうちに子どもは親や社会の期待に添って自我と呼ばれる性格の鎧を発達させ、自分の本質とのつながりを忘れてしまう健全な（！）大人になってしまいます。魂として、神として、意識そのものとしての自分を認めてほしいと潜在的には感じていながら、その欲求を満たしてくれる親はほとんどいませんから、その点でも子どもは怒りを感じるわけです。

すると、情緒的な意味ではある程度満たされた子ども時代を送っている人であっても、スピリチュアルな意味では欲求不満を感じ、心の痛みを抱えていると言えるのです。つまり、ほとんどすべての人はスピリチュアルなアダルトチルドレンと言ってもいいのではないでしょうか。

もちろん、「自分の家族は何の問題もない普通の家族だった」と自分でおっしゃる方ほど通常の意味で深い問題を抱えた家族であることが多いのですが、中にはある程度健全な家族の中でほどほどに満ち足りた子ども時代を過ごしていながらも、内的な探求を深めていくと思ってもみなかった怒りや悲しみが出てくることがあるのです。それらは、魂としての自分を認めてもらえなかった、そして今自分でも認めることができていないことからくる「魂の痛み」だと考えられるのではないでしょうか。

その「魂の痛み」に気づいて、そこに愛を向ける＝その痛みを痛みとして自覚し、しっかり感じとるということが、目覚めのプロセスの大切な一部になります。それはまた、生きることと死ぬことの意味を深く問いかける体験にもなるでしょう。

目に見える現実の世界とのバランスを取りながらこの体験を通過していくのは、一時的には辛いこともありますが、得られるものもまた限りなく大きいものがあるのです。

過去からの解放

いつの頃からかずっと不思議に思っていたことがあります。どうして人間は昔のこと、すでに終わったことを何度も思い出しては、悔やんだり心配したりするのでしょうか。

例えば、何年も前に誰かに言われた言葉で傷ついた経験があったとします。そのことはもう過去のことで、すでに終わっているのに、そのことを何度も思い出しては、「あのときあんなことを言った○○さんのことは許せない」と考えて怒りや憎しみを感じることがあります。

子どもの頃に親から辛い扱いを受けたことがあったとします。そのときにはとても辛くて、親に対して怒りや憎しみを感じたことでしょう。本当に辛い扱いを受けたとき、そう感じることは人間の感情としては自然なことだし、当然のことです。でも、そのことは何十年も前のことで、出来事自体はすでに終わっているのに、今でもそのことを思い出しては怒りや憎しみを感じることがあります。

同じことは集合的なレベルでも起こります。

何百年も前に起こった人種間、宗教間、国家間の争いのことを世代をまたいで語り継ぎ、今でもそのことで憎しみあい、反目し合っている人たちがいます。その最初の出来事自体はとっくの昔に終わっていて過去のことになっているのに、そのことをわざわざ忘れないようにするために、そのことに関する物語を親から子へと引き継ぎ、否定的なエネルギーを再生産し続けています。

これはよく考えてみると、あまりにもおかしなことです。

本来、感情のエネルギーというのは、波のようなもので、意識的に流れをブロックしてせき止めたりしなければ、自然にわき出してきてはそのうち消えていきます。感情は起こったときにそのエネルギーを十分に感じとっていけば（＝「今ここ」の意識で感じていけば）、そのうち消えていくものなのです。

自然な状態であればやがて消えていく感情の流れ、特に否定的な感情をわざわざ維持し続けるには、とても大きなエネルギーを使って心と身体を緊張させ、その流れをせき止めておく必要があります。生きるエネルギーのほとんどすべてを否定的な感情（とそれを再生産するための思考）を維持し続けることに使っていたら、生きることが辛くなるのは当然です。

心の中で知らないうちに何度も繰り返されている否定的な思考、自分や他者を非難したり攻撃したりしている物語に気づいてみて下さい。気づくだけで、今ここの意識から光があたり、その思考（物語）が生み出す否定的なエネルギーは少しずつ小さくなっていきます。思考＝自分だという無意識の思い込みから少しずつ抜け出していきます。

すると、過去に起こった出来事の記憶自体が消えてしまうわけではありませんが、それが自分に影響を与えることがなくなってきます。その出来事によって自分を定義することがなくなってきます。過去から解放され始めるのです。

否定的な思考と否定的な感情は互いに互いを再生産する悪循環におちいっていきますから、そこから抜け出すためには、知らないうちに心に浮かんでくる無意識の思考パターンに気づくことと、心の奥に閉じ込められてはっきりと意識できていない感情に気づいて浄化していくことという、思考と感情両面からのアプローチが大切になるわけです。

死と再生のプロセス

私たちは心の中を流れていく思考によって自分自身を無意識のうちに定義しています。例えば「自分は自信がない」という思考を信じて、そのことをいつも考えている人はどんどん自信がなくなっていきます。というよりも、自信がない人というのは、「自分は自信がない」という思考を信じている人、と言ったほうがいいかもしれません。

そして、このことは、いわゆる「性格」に関することばかりではありません。

私はごく最近まで「私は1965年3月23日に、この地球上の日本の福岡県の某所で生まれ、中野真作という名前で皆から呼ばれてきたこの心と身体だ」という考えを何の疑いもなく信じていました（20数年前に、一度そこに亀裂が入ったのですが、それはできるだけ見ないようにして）。

もちろん、それを信じていること自体は悪いことではなくて、この「世界」と呼ばれるゲームを続けていく上では必要なルールなのですが、それは単にゲームのルールでしかなくて本当の真実ではない、ということを忘れてしまうと、生きることを真剣に考えすぎてしまいます。

その上、もし私がその考えを信じてしまうと、それに関連するさまざまな思考＝物語（ストーリー）がその思考にぶら下がるように増殖していき、「私」に関する膨大な物語が生まれてきます。

例えば私の場合、「神経質な父親と自分の気持ちを完全に抑圧してしまった母親のもとで、親との情緒的な交流をまったく持つことができないまま大人になってしまった」とか、「小学校の頃に教師の暴力で深く傷つく体験をしたことで、人前でひどく緊張して何も話せないようになった」などといった物語が積み重なってきました。

それらの出来事（子どもの頃の親との関係、小学校での教師との出来事、私が母から生まれたということも！）は、それが起こった瞬間にはそのときの真実であったはずですが、それはずっと昔に終わっています。

今この瞬間の私にとって、それらの出来事は「今この瞬間に心の中に起こっている思考」でしかありません。「過去」だと思っているものは、実は「今」の思考なのです。

このことが実感されてくると、いわゆる「過去」との関わり方が根本から変わってきます。もちろん、それは、「私は本当はあの母親から生まれてきたのではないんだよ」などと考えることとは違います。

確かにあの母から生まれて来ているし、辛い体験もいくつもしてきました。でも、そのことに感情的に影響されなくなる、という感覚でしょうか。自分の過去が、何か映画でも見ているような、本当の自分とは直接関係のない物語のように感じられてくるのです。

過去に起こったこと（＝今自分の心の中にある過去についての思考）にとらわれなくなって、今をもっと自由に生きることができるようになってきます。

これがいわゆる「死と再生」のプロセスです。古い自分を手放す、古い自分が心理的に死んでいくということです。

心理的なものであっても「死」はエゴ（小さな自分）にとっては恐ろしいことですから、どうしても抵抗します。「死と再生」のプロセスを通過していくことで、もっと楽に、自由になっていくということが頭で理解できていたとしても、無意識に恐れてしまうのです。

でも、その「死と再生」の体験を意識的に通過していくことで得られるものは無限に大きいものです。それまで自分が自分に課していた制限から解き放たれて、宇宙が自分にさせたがっていることを自由に表現できるようになってきます。大きな流れと一つになって、自由に生きられるようになってきます。

目覚めること、悟ることというのは、偉い人や聖人君子になることではなくて、私に関する思考を含めて、心の中を流れていく思考にとらわれなくなることを意味しているのです。

9章　自己探求

本当の自己探求

「自己探求」という言葉を聞くと、自分のよいところや悪い所をあれこれ考えて分析したり、過去の過ちから何を学べるかを考えてみたり、ということを想像する方が多いかもしれません。

もちろん、それが大切なときもありますが、それらの行為は今あなたが見ている苦しい夢を多少楽な夢に変えることができるだけで、この夢を唯一の現実だと思い込んでいることから生じている根本的な痛み、苦しみを解消することはできません。自己探求と称してあれこれ考えるときに心の中に流れていく思考を真実だと受け止めてしまうこと自体が苦しみの原因だからです。

本当の自己探求は、思考のもっと奥深くにある真実の自己の存在をただ意識的に感じ取っていくだけで自然に深まっていきます。

それは、人と会っているときでも、仕事をしているときでも、食事をしているときでも、何をしているときにもできることです。

何をしているときにも、意識の一部を使って自分の身体の内側のエネルギー場を感じておくようにしてみましょう。よくわからない、と思う方は、軽く目を閉じて両手の先にあるジーンとするようなチリチリとするような微妙な感覚を意識してみます。

最初は、何かをしながら、というのは難しいので、静かに座って感じる練習をする必要があるかもしれません。慣れてくれば微妙なエネルギー場を身体全体で感じることができるようになります。そのうちに、何をしていてもそのエネルギーのフィールドを意識しながらできるようになります。

すると、生活の質が深い部分から変化してきます。

生活そのものが瞑想になります。

※参考　インナーボディを意識するエクササイズ（P278）

緊張を緩める

緊張を取りたいと考えている方は多いと思います。ところが、これは思った以上に難しいことです。というのも、緊張が取れれば自分はもっと楽になるだろう、と考えてしまいますが、実際は「緊張＝自分という感覚」だからです。

本当の意味で緊張がなくなるというのは、

自分という感覚なしで生きていくこと

大きな存在に身をゆだねて生きていくこと
ものごとの空性を認識すること
真実に目覚めていくこと

などというような言葉で表現されることと同じことです。

緊張がなくなれば、他と分離された自分という感覚もなくなって、生きることはとても楽になってきます。いや、自分が生きているという感覚がなくなると言ってもいいかもしれません。ただ、大いなるものが私やあなたやあれやこれやを通して表現されていて、私はそれを見ているだけ、という感覚でしょうか。

その感覚を思い出すためには、心の中に流れていく思考のすき間を意識するようにしてみましょう（前節の「本当の自己探求」の中で書いた、自分の身体の内側のエネルギー場をできるだけいつも意識しておく方法も役に立ちます）。

思考のすき間を意識できる時間が増えてくると、そこから大きな自分が流れこんできます。それまで自分の内側にそんなものがあるなんて意識したこともなかったエネルギーが動き出してきます。

緊張を取るために行うさまざまな技法やエクササイズ（ストレッチ、ヨガなどの身体的技法やさまざまな心理的エクササイズ）を行うときは、自分の内側にある大いなるものを常に意識しながら行うことが大切です。そうでないと、どんなエクササイズをしても、自分の無意識の条件付け＝緊張感を強化するだけになってしまう可能性があります。

身体を緩めたり、感情を解放したり、ということもとても大切なのですが、内側の大いなるものを意識することが増えてくると、身体が緩んだり、感情を手放したりするプロセスが日常生活の中で自然に起こりやすくなってきます。

二元性のベールをはがす

私が世界であって、すべてが一つなのだとしたら、自分を苦しめている（ように見える）人や問題はすべて自分自身の内側にある、ということになります。その人が悪いから、社会が悪いから自分はこんなに苦しんでいるのだ、と考えている間は、その苦しみから逃れられないわけです。

自分の内側に苦しめられている部分と、苦しめている部分の両方がある、ということを実感したとき、その両方を公平に眺めることができる目撃者の視点を獲得することができ、苦しみの質が変わってきます。

例えば、次のようなことをやってみて下さい。

会社でいやな上司や同僚に悩まされているとしたら、休みに時間にちょっとトイレにこもって、その人になった気分になってみて、その人が自分に対して振る舞っているのと同じように身体を動かしたり顔色を作ってみたりしてみましょう。まわりに誰もいなければその人が言っているような言葉を言ってみます（誰かに聞かれそうならば、心の中で言ってみます）。

しばらくやってみたら、今度は悩まされている自分（普通の自分）の気持ちになってみて、そう言われたときの気分をよく味わってみます。

そして、これを何度か繰り返してみます。自分を悩ますエネルギーになってみたり、悩まされているエネルギーになってみたりを交互に繰り返してみるのです。

小さな子供さんに悩まされているお母さんでしたら、実際のその子のまねをしてみるといいでしょう。いつも泣かれて困っていたら、その子と一緒にしばらく泣いてみてから、次に泣かれて困っているお母さんになり、そしてまた一緒に泣きます。両方の自分を意識的に演技してみるのです。

私たちは知らないうちに二元性（ものごとを「あれ」か「これ」か、「よい」か「悪い」かなどの二つの極にわけて見てしまう傾向）のベールを通して世界を見ています。すると本来何の問題もない「ありのまま」の世界が問題と対立で一杯になっている大変な世界に見えてしまいます。

このエクササイズは内面の二元性の両方の極に意識的にアクセスするものです。すると、その二元性のベールが薄くなっていき、その結果、あなたのもともとの本性、すべてとつながっている大いなる自分が自然と浮上してきます。やがて、世界の見え方が変わってくるでしょう。

エゴには「ありのまま」はわからない

最近、これまでの私は悟ったふり、目覚めたふりをしていたのだな、ということに気づきました。もちろん、20年以上前に一瞥体験をして、それ以後もさまざまな体験を通過していく中で目覚めのプロセスが深まってきていたことは確かです。でも、内面の深い部分で、何かが違う、という感覚が残っていたことも正直に認めざるをえません。本当の悟り、本当の目覚めとは、目覚めの体験、小さな悟り体験を何回積み重ねるかということとは直接的には関係ないのです。

そもそも、悟ること、目覚めることというのは、自分以外の何かになろうとすることをやめて、今この瞬間のありのままの自分を判断を通さずに認めるということです。ということは、今のありのままの自分でない自分になろうとすること（悟っていないのに悟ったふりをすること）は悟りとはまったく違うものだということになります。

逆に言えば、悟っていない、目覚めていないということに気づき、その自分をそのまま、ありのまま認めることができると、それがすなわち、悟りの状態、目覚めの状態なのです。つまり、今自分がどんな状態であったとしても、今この瞬間悟ること、目覚めることができるのです。

もっとも、これはエゴ＝「小さな自分」にはなかなか理解できません。

「小さな自分」というのは思考によって作られるさまざまな思い込みの集合体です。こんな自分はいいけどあんな自分ではだめだ、というような考えの集まりなのです。

つまり、自分＝エゴ（この心と身体の中に閉じ込められて、さらに思考によっても制限されている小さな自分）だと思い込んでいる限り、ありのままを認めるという状態は起こりえません。

いろんな精神的な教えの中でいわれている「ありのままの自分を認める」という言葉は、自分＝エゴ、自分＝小さな自分という思い込みから抜け出したときに初めて本当に理解できるのです。

スピリチュアルな探求を続けていると、ついつい「平和」「静けさ」「高次の意識」などの、いわゆる肯定的な状態ばかりを追い求めてしまうことがありますが、本当にそんな状態を理解するためには、一見否定的なものに思われているさまざまな状態、特に人間として生きていく上で避けることはできない、心と身体に由来するさまざまな状態、例えば怒りや悲しみ、身体の痛みやセクシャリティなどを自然の一部としてただありのままに認めていくことが大切になります。

そういったものを判断せず、ただそこにあるものとして認められるようになったとき、周囲の状況は何も変わっていないのに、あなたは突然、それ以前とはまったく違う新しい存在の次元に抜け出したことに気づきます。生きることの苦しみを手放したことに気づきます。

心理学と非二元

人間の苦しみの根本的な原因は「自分が周囲の人や環境と分離した存在であるという勘違い」にあります。すこし表現を変えると「すべての存在は大いなるものの一部で、それぞれが大いなるものの一つの表現なのに、大いなるものと切り離された小さな自分（エゴ）がこのばらばらな世界の中で一人で生きている、という間違った思い込み」とも言えます。

簡単に言えば、「自分＝この心と身体だけ」という観念が苦しみの原因なのです。

あなたの周囲にいる人たちは（大好きな人も、大嫌いな人も）みな自分自身だし、外の世界にあるように見えるすべてのものもあなたの一部なのです。そのことを思い出すと、外側の世界に影響を受ける、ということがなくなります。何しろ、外側も内側もないわけですから。

もっとも深いレベルでは外側と内側の区別はないとわかると、「良い」と「悪い」といった区別もこの世界の一つのルールにしかすぎなくてリアルなものだとは感じられなくなります。本当は「ありのまま」で大丈夫なのだ、とわかるのです。

これは私が初めて見つけたことではなくて、イエスキリストや仏陀のような過去の聖人から、現代の目覚めた人まで、真理を探究した人々が、表現は違えどみな共通に語っている永遠の真理です。

真理なのに多くの人がそのことを忘れて苦しんでしまっているのはなぜか。この問いには明確な答えはないのかもしれませんが、私が共感している一つの回答は、「それが世界というものだ」というもの。つまり、宇宙が（神が、意識が、「それ」が……）一度ワンネスを忘れて、それを再び思い出す旅をするのがこの世界（あなたの人生）そのものなのだ、というものです。

しかしながら、自分はこの身体だけではない、と言われても、ほとんどの人は「あなたはその身体と心を持った一人の人間なのだ」というふうに思い込まされ、それをあまりにも当たり前のこととして、自分が考えたり行為したりするすべての事柄の前提として成長してきていますから、その思い込みを手放すのは簡単ではありません。

通常、人は成長していくプロセスの中で、周囲の人々の期待に添う形で自分の中のある部分はよい部分、ある部分は悪い部分という判断を無意識に行い、悪い部分は自分の中にはないことにしてしまいます。すると、もともと分離のなかった世界の中に、「よい対悪い」「あなた対私」といった分離を生み出し、そこからあらゆる分離と対立が生じてくるわけです。

個人の中では、自分の一部をなかったことにすると、それにともなう感情の抑圧が生じます。すると、自分の中でないことにされてしまった怒りなどのいわゆる否定的な感情は自分の外側にあるものと認識され、理由もなく他の人から怒られている、と感じたりします。

どんな部分をどんなやり方でどの程度自分から切り離してしまっているのか、ということが、いわゆる「性格」と呼ばれるもので、それが分離した自分という感覚を生み出しているのです。

閉じ込められた否定的な感情は否定的な思考を生み出し、否定的な思考がまた否定的な感情を作り出す……。多くの人はこの悪循環の中にはまってしまい、そこから抜け出す道があることにすら気づいていません。

そんな方にとって解放への最初の一歩として必要なことは、感情の浄化と、思い込みに気づきそれを手放していくことです。

真理を探究している人の中には瞑想などの技法でワンネスの体験を求めている方も多いと思います。集中的な瞑想や強力な技法を行えばワンネスを一瞥することは比較的簡単です。しかし、悟りの境地をかいま見るだけでは本当の安心を感じることはできません。それと同時に、感情を浄化し、否定的な思い込みを手放していく作業、つまり、通常の心理学的なワークが必要になるわけです。

一方で、通常の心理学的なワークだけで過去の心の痛みを癒そうとしている方は、それだけではどうしても先に進めない感じがするときがやってきます。そんなときは、自分の探求の中に真のスピリチュアルな視点を取り入れることが必要になってきます。

つまり、今自分はとても傷ついて苦しんでいるけれど、本当の自分、自分のもっとも深い本質は傷ついたり苦しんだりすることはないのだ、ということを意識しながら、見かけ上の傷を癒していく作業をも真剣に行っていくわけです。

瞑想などの方法によってワンネスを少しずつでも感じることができるようになってくると、通常の心理学的な意味での癒しも早く進むことが多いのです。

通常の心理学的視点（両親から受けた心の傷、否定的な感情の抑圧、否定的な思い込みに気づく、前世からのカルマ……）と、非二元的な（悟りの）視点（すべての分離は幻想で、苦しんだり傷ついたり輪廻転生したりする個人はそもそも存在しない。「それ」のみがリアル）の両方の次元を大切にすることが、この素晴らしく神秘的な世界の中を自由に流れるように生きていくために必要なポイントになるでしょう。

意識そのものを意識する～本当の瞑想

私たちの意識は常にその対象を求めてしまう傾向があります。だからこそこの複雑な現代社会が発達し、快適な生活を楽しむことができているとも言えるのですが、一方で、意識の対象の中に完全に巻き込まれてしまうと、私たちが本来持っている静けさや平和、存在そのものから由来する理由のない幸福と切り離されてしまいます。

対象を持たない意識そのものに気づいていくことが、そのつながりを思い出す大切なポイントです。

何もすることがない暇な時間ができたとき、自分の心の働きをよく見て下さい。そんなとき、あなたの心は、何かの対象物を求めて激しく動き続けています。面白そうなウェブサイトはないかとパソコンを開こうとしたり、雑誌や本に手を伸ばそうとしたり、周囲にそういったものが何もなければ、過去や未来についてあれこれ考えることで、思考そのものを意識の対象としてつかもうとしたり。

もちろん、それらの衝動を無理に我慢して修行僧のようにただ何もしないでじっと座っている必要はありません。ただ、実際に何かに手を伸ばしたり、何かの考えに没頭してしまう前に、無意識に対象物（見るもの、聞くもの、考えること……）を求めようとしていることに気づくようにしてみて下さい。

その後、結局はその対象物に巻き込まれてしまったとしても（無意識にウェブサイトを見続けたり、過去への後悔の気持ちに浸ってしまっても）、それはそれでかまいません。巻き込まれる前に対象物を求めてしまう衝動に気づくことを繰り返していくと、対象に巻き込まれない意識そのものへの気づきが深まってきます。

あなたが見ている何か（意識の対象物）と見ている主体（意識そのもの）、あなたが考えている思考（意識の対象物）と考えに気づいている主体（意識そのもの）が区別できるようになってきます。

対象物に巻き込まれていない意識そのものに気づきを向けておくことが「瞑想」という言葉の持つもっと

も深い意味です。

できるだけ何をしているときにも、意識をすべて意識の対象物（現実に目の前で起こっていることや心の中で起こっていること）に向けるのではなくて、意識そのものに向けておくことを心掛けてみましょう。それだけで生きている感覚がずいぶん変わってきます。

目覚めに対する抵抗

目覚めが深まってきて、深い部分で自分が癒されていくと、同時にそのプロセスに対する無意識の抵抗も大きくなってくるときがあります。

癒し（heal）という言葉は全体（whole）という言葉と同じ語源を持っていますが、癒されるということは、自分が全体の一部であって、全体から分離した個別の存在ではないと気づくことでもあります。なので、真の癒しが深まると、まるで自分がなくなってしまうかのような不安感を感じることがあるのです。

感情の大きな浄化が起こったり、深い気づきを体験したあとに、逆にテレビやネットにだらだらとエネルギーを向けてしまったり、身体が緩んでとてもリラックスした感じが起こったあとに、急に身体が緊張したりこわばったりしているのを感じることがあるかもしれません。

目覚めそのものは瞬間に起こりますが、それを小さな自分の心と身体に統合していくにはある程度の時間が必要です。そのプロセスは人によってさまざまで、通常、前に進んではまた少し後戻りする、といった感覚をともなうことがほとんどです。

大いなるもののエネルギーをいきなりまともに受け取ってしまうと、小さな自分がばらばらに壊れてしまって日常の生活がうまくできなくなってしまうので、大いなるもののエネルギーに心身を少しずつ慣らしていく必要があります。あまり急激に真実に触れてしまうと、それを受け止めきれないのです。

それゆえ、なぜこんなにもどかしいんだろうと感じることがあるかもしれませんが、目覚めのプロセスの中での一進一退はとても大切なものなのです。

そんなプロセスの中にいるときに大切なことは、その抵抗に気づくことです。自分が抵抗しているのだ、ということをただ意識に上らせるだけでその抵抗は小さくなっていきます。特に身体の緊張感に意識を向けることは大切です。どうして抵抗しているのだろう、というような思考はできるだけ手放して、身体の緊張、身体のこわばりそのものに意識を向けてみて下さい。これは癒しと目覚めのプロセス全体を通して、とても大切なことです。

気づくと、つまり意識の光をあてられると、抵抗はそれだけで小さくなっていきます。抵抗というのは小さな自分へのしがみつきのことですから、そのしがみつきが緩んできて、アイデンティティが自然と大きな自分へと移行していくのです。

私たちはもっとも深いレベルでは「無」あるいは「空（くう）」であり、同時に「すべて」です。

不要な緊張をどんどん手放して自分という感覚がなくなっても、この心と身体が蒸発して消えてしまうわけではありません。

小さな自分という感覚がなくなったときに初めて、大いなる自分の英知が働き始め、それがこの心と身体を通して自然に表現されるようになります。過去の条件付けによって無意識にいつも同じパターンで反応してしまう状態から抜け出し、瞬間瞬間にそのときの状況に応じてもっとも適切な対応ができるようになるのです。

そして、対応すべき状況が終わったときには、また「無」あるいは「空」の状態に戻ります。何者でもない私として存在するのは、とても楽な感じがあります。すべての重荷をおろしたような感覚です。そして、また対応が必要な状況が現れたとき、私はその状況に応じて「誰か（親、子ども、上司、部下、先生、生徒……）」になります。そして、やがてまた「無」に戻る。

「無」あるいは「空」のレベルと目に見える現象世界のレベルを自由に行き来すること、あるいは、その両方に同時に存在すること。これがポイントです。

何も考えていないときの自分を意識する

ほとんどの人は四六時中何かを考えていて、何も考えていないときがあることに気づいていません。すると、考えの中身が自分自身であるという思い込みに完全に捕われてしまい、本来の自分が持っている広がりやポテンシャルを忘れてしまいます。

そもそも、考えで自分を定義するというのは不可能でしょう。考えは時とともに変わっていき、あるときこう考えていたのが、次の瞬間には別の考えに変わることもあって、とても不安定なものです。そんな不安定な考えで定義された自分というものに、何か確固たるものはあるのでしょうか？

エゴ＝小さな自分はどうしても「自分」というものが何かしっかりした実態のある存在だと思い込もうとします。そうすることで一時的な安心感を得ようとするわけです。でも、それは一時的なものであって、けっして永続することはありません。考えそのものが生まれてはやがて消えていくはかないものだからです。

本当の安心感、本当の幸福感を求めているのであれば、ここは思いきって「そもそも、普段自分が自分だと思っているものはすべてはかないもので、夢のようなもの。本当は存在していないのだ」ということを認めてみてはどうでしょうか。すると、しばらくの間は混乱や不安がやってくるかもしれませんが、やがてその混乱や不安をも包み込む広大な空間が自分だったんだ、という感覚がやってきます。


まずは、頭の中を流れている思考の間にある小さなすき間を見つけることから始めてみて下さい。それがあなたの本性である光、空間、無そのものです。

普段の生活の中でも、そのすき間は何度も起こっているはずなのですが、思考ではとらえられないため、まったく意識していないか、よくて「何か変な感じがしたな」というくらいにしか感じられていないのです。

そのすき間を意識できるようになるだけで、生きている感覚がずいぶん変わってきます。

どうしてもその感覚がわからない、という方は感情を浄化する作業を意識的に行うといいでしょう。いつも考えているということは、何かを感じないように心の奥に閉じ込めている、ということです。

ずいぶん前にブレスワークを受けて下さった方がワークのあとにとても驚いたように「考えなくても生きていけるんですね」とおっしゃったのを今でもよく思い出します。内的な沈黙を意識することは、思考という重荷を下ろすような感覚があるのです。

何も考えていないときの自分を意識してみること。無＝空（くう）＝光としての自分を意識してみること。これがポイントです。

不安や怖れを探求の材料にする

寝る前に布団に横になって瞑想的な意識状態に入っているとき、微妙な怖れや不安のような感覚が浮上してくることがあります。それは、この先身体が老いていくことの怖れのようでもあり、死に対する怖れのようでもあります。

この感覚は、今振り返って考えてみると、ずいぶん若い頃からときどき意識に上ってきていました。20代にサラリーマン生活をしていた頃、夜中に目が覚めて、胸のあたりが締め付けられるようななんともいえない不快感とともに感じていた感覚と似ています。

ただ、その頃と違うのは、当時はそういった感覚をありのまま受容していく心のスペースがまだあまりなく、その感覚は無意識のうちにまた心の奥に閉じ込められていました。そうしておかなければ、そのエネルギーが大きすぎて持ちこたえられなかったのかもしれません。

今は、そういう怖れや不安が意識に上ってきたときこそ、それらを本当に癒して統合していく大切なチャンスなのだということがわかっていますし、長年の内的実践の結果、それらを受け止めるスペースもずいぶん広がっています。

とはいっても、不快な感覚を避けてしまう無意識の条件付けというのはとても強力なので、不安や怖れが浮上してきたときに、しらないうちにそれらを再び抑圧してしまう可能性は常にあります。そうすることで、痛みを手放して新しい領域へ入っていくことよりも、慣れ親しんではいるけれど不安や恐れにいつも縛られている現状にとどまろうとしてしまうのです。

まずは、自分がある特定の感情を感じることを無意識に避けていることに気づいて下さい。すると、一時的には不安定な感覚を感じるかもしれませんが、その不安定さをありのまま認めていくと、深い安心感、安定感を感じる場所にたどり着きます。


また、このことは瞑想的な実践に親しんでいる人も陥りやすいポイントです。瞑想することによって、怖れや不安や怒りや悲しみなどの不快な感情を感じないようにしよう、なんとか心の平静を取り戻そうとしていることがあります。瞑想がいわゆる「抑圧的な瞑想」になってしまう場合です。

本当の瞑想とは何かを感じないようにすることではなくて、今この瞬間起こっている感情を、良いとか悪いとかの判断なく、ただありのままに認めることです。

すると、怖れや不安などの感情はその力を失っていき、否定的なエネルギーだと思っていたものが、実はあなたの本性である意識、空、光、無、神そのものの一部であったことを思い出します。

するると、あなたの内的な空間はますます広がり、出来事をありのままに受け止める力が深まります。すると、まだ残っていた否定的なエネルギーが浮上してきやすくなり、それを受け止めることでまた内的な空間が広がる……。

このサイクルは、すべてのものが自分であると同時に意識、空、光、無、神そのものであることが理解されるまで、そもそもの初めから自分はありのままで大丈夫だったのだと気づくまで続きます。

その感覚がわかってくると、不安や怖れがやってくるのが楽しみなような、それを待ちわびているような感覚すら生まれてくるかもしれません。

不安や怖れがやってきたときに、その感覚とともにいて受容的な気持ちで接していると、その感覚が浮かんでいる空間を感じていると、心が楽になるだけでなく、身体も緩んでいきます。

不安や怖れを探求の材料に使うことができれば、この世界に怖いものはなくなるのかもしれません。

10章　ただ起こっている

「なぜ」という視点をはずす

「なぜこんなに辛いのか」

「なぜあの人はあんなことをするのだろうか」

「なぜ私はこんなことをしてしまったのだろうか」

「なぜあの人は死んでしまったのか」

「なぜ●●は××なのだろうか」


そんな疑問が心に浮かぶことがあります。

あれこれ考えて続けて、なんとなく納得できる答えが浮かんでくれば少しの間心は静まるかもしれませんが、やがて次の「なぜ？」が浮かんできて、心はまた忙しく動き続けます。

そんなときは「なぜ？」という視点をはずしてしまいましょう。「なぜ？」を追求していくと、最後には「なぜ人は生きているのだろう」というような、答えの出ない疑問にたどり着いてしまいます。

もちろん「人が生きているのは目覚めるため」という一つの模範解答はあります。その答えに納得できる間はその答えを「利用」するのは大切なことです。しかし、究極的にはすべての「なぜ?」に答えはありません。

「目覚めるために生きる」というのは人を真の目覚めへと押し進めるための一つの方便であって、本当に目覚めるとその方便も必要なくなります。

「なぜ」をはずしてありのままのエネルギーを感じると、「なぜ」という疑問の影に隠れていた痛みや苦しみが自然と浮上してきます。その痛みや苦しみのエネルギーそのものに心を開いていくことが大切です。

痛みを感じることを恐れて、その痛みの周囲を緊張させている感覚、その緊張感が、「なぜ」と考えている主体である「自分」という感覚であることを意識してみましょう。

痛みのエネルギーをありのまま感じると、痛みを取り囲む緊張が緩み始め、「なぜ」と問い続ける自分そのものが緩んでいきます。この心と身体だけが自分だという思い込みが小さくなってきます。そのとき「なぜ」は自然に消え、あるがままの世界が見えてきます。

もっとも深い視点からみると、すべては何の理由もなくただそうなっているだけであることがわかります。

そのままで完璧?

「ありのままでいい」とか「そのままで完全」というような言い方を聞くと、マインドはどうしても「そんなことはありえない」という反応をしてしまいます。

こんなに生きるのがへたな自分がありのままでいいわけはない
こんなに苦しみを感じている自分がそのままでいいはずはない
こんなに欲しいものがある自分が完全だなんてありえない
こんなに誰かを求めてしまう自分がありのままでいいはずはない
こんな問題だらけの自分がそのままでいいはずはない

「ありのままでいい」というような言葉が本来意味していることは、今の自分を不十分だと考えていること自体も含めて、すべてオッケーだ、という感覚です。こんな自分ではだめだと感じて、そこから抜け出すために何かを求めているとしても、そのことも含めてすべてそれでいいのだ、ということです。

もちろん、現状をそのまま維持していけばいい、と言っているわけではありません。不思議なことに「ありのままでいい」という言葉の本当の意味がわかってくると、あなたとあなたの周囲の世界は奇跡的な変化を起こし始めます。

また、これは言葉の限界も関係しているかもしれません。

「そのままで完全」という言い方を聞けば、どうしても「いや、そのままでは完全ではない」という反論が生じる余地があります。

「ありのままでいい」ということを、言葉を使ってできるだけ正確に表現しようとすれば、「これで完璧だ」とか「これでは完璧でない」というような思考が浮かんでこなくなって、ただ今この瞬間そうなっているそのままの自分をそうなっている状態のまま受け止めることができる、というような感じです。

「ありのまま」とか「完全」といった言葉すら通さずに自分を見るのです。

そして、すでにお気づきのように、自分に起こっていることだけではなくて、世界全体で起こっていることも同じです。

世界の中で何が起こったとしても、その出来事は、「完璧である」とか「完璧でない」とか、あるいは「よい」とか「悪い」とかいった価値をもともと持っているわけではなく、ただそうなっているだけなのです。

このことが本当に理解されると、生きている感覚は根本的に変わります。

自分が生きているという感覚は小さくなり、「私」というものは「あなた」や「山」や「川」や「海」や「空」や「パソコン」や「車」などと同じように、たった一つの大いなるものが、この世界というゲームをするために作り出した役割の一つだということがわかります。

本当の私というのは、この「大いなる一つそのもの」、あるいは、「存在の感覚そのもの」だということがわかります。

しかしながら、エゴ（心と身体だけを自分だと思い込んでいる仮の小さな私）にはこのことを理解するのは不可能です。このことを本当に理解できるのは、自分がエゴにすぎないと思い込んでいる、その思い込みに気づき、手放していくことができたときだけです。

もしあなたが「そんなことを言われてもよくわからないよ」と、どうしても考えてしまうとしても、心配はいりません。

本当はもうわかっているのだ、ということを心のどこかに留めておきながら、感情の浄化や思い込みに気づいていく作業などの必要な実践を行って下さい。なぜなら、もともとあなたは「大いなる一つ」そのものだからです。

はっきりとは実感できないけれど、何かわかるような気がする、という方は、その感覚を信頼して下さい。その感覚は、あなたの中のすべてを知っている部分から来ています。もともと知っているのだから、わかるような気がするのはあたりまえなのです。

「ありのままでいい」「ありのままではだめだ」、どんな思考が生じてきても、それが生じてくること自体オッケーであるということ。あなたはその思考ではなく、その思考が生まれては消えていく空間そのものなのです。

どうぞリラックスして、今この瞬間の自分自身にくつろいでみましょう。リラックスできない自分の中にくつろいでみましょう。

すべてのことはただ起こっているだけ

私のパソコンのデスクトップには次の二つの文章が置かれています。この言葉を思い出すたびに私の中の何かが落ちつくところに落ち着いて行くような感覚があります。

「あなたはただ開かれて在りなさい。あとはすべて愛がやってくれるでしょう。」ガンガジ（http://gangaji.jugem.jp/?month=201112より）

「すべては自発的にやってくる。ただ『私は在る』という感覚をつかむ必要があるだけだ。」（ニサルガダッタ・マハラジ『アイ・アム・ザット　私は在る　ニサルガダッタ・マハラジとの対話』Ｐ３５０、ナチュラルスピリット、２００５年）

この感覚が実感として理解できるのであれば、目覚めるためにこれ以外の修行は必要ありません。

ただ、これらの言葉は誤解も招きやすいようです。

私もつい「ただ起こってくることを見ているように」というような言い方をしてしまうことがあります。すると、「何もしないでじっとしていればいいのか？」とか「人間関係の中で何もしないで傍観者でいればいいのか？」というような反応が返ってくることがあります。

私が本当に伝えたいのは「もしあなたが人間関係の中で自分を主張したくなり、そのとき感じる気持ちをはっきりと、場合によっては激しく主張したとしたら、そうしている自分をただ見ているようにする」というような意味です。

自分が何かをしようとしなくても、物事は自然に起こってくる、という感覚をつかむことです。

「私」というのは、何かを行っている行為者ではなくて、行為しているこの身体と心を見ているより大きな存在である、ということに気づくことです。

目撃者の視点を得る、ということです。

まわりからみてどんなに一生懸命に頑張っているように見える人でも、その人自身は何もしていない、ただものごとが自然に起こっていることに気づいているだけ、という意識状態があるのです。

この状態は「無為の為」「行為は起こっても行為者はいない」などと呼ばれます。

すべてのものごとはあなたが気づこうと気づくまいと、誰が何をすることもなくただ自然に起こっているだけです。それなのに、本来は存在していない「行為者」というものを思考で作り上げて、あの人がこうした、この人がこうした、と考えているのです。

どんな思考や感情も、それを考えたり感じたりしている人はなく、ただ一つのエネルギーが思考や感情となって無限に大きな空間の中で見かけ上の姿を変え続けているだけなのです。

今あなたがどんな苦しみを感じているとしても、その苦しみはあなたの苦しみではなく、ただの苦しみ、ただのエネルギーなのです。

すべての考えを横に置いて、自分の内側で起こっている痛みや苦しみを、誰に属するものでもないただのエネルギーの動きとして味わってみましょう。

すると、すべてのものはやってきては、やがて去って行くものだとわかってきます。どんな痛みも苦しみもやってきては、やがて去って行きます。

「自分」というものは、それらの痛みや苦しみにはまったく影響を受けない広大なものだ、ということがわかってきます。

あなたがスピリチュアルな探求を通してこれほどまでに強く求めているものは、あなた自身なのです。

あなたが「それ」なのです。

自分とは行為者ではなく、行為しているこの身体と心を見ている存在だ、ということがわかってくると、人生の中に不思議な安心感が生まれてきます。

自分の言うことやすることが自分に属しているわけではなく、ただ起こっているだけ、あるいは、宇宙が自分を通して何かを表現しているだけだとわかってくると、他の人がすることもすべて同じように見えてきます。

もし誰かがあなたに何かを言ったり、あなたに対して何かをしたりしても、それはその人が自分の意思でやっているのではないことがわかります。

ありのままでいいのだ、という言葉の意味が深く実感されてくるのです。

悟りのためにできることはあるのか

前節で私のお気に入りの二つの言葉をご紹介しましたが、一方で、私は次の言葉も大好きです。

「真のスピリチュアリティは、どうしても修行を前提とすることは確かである。」（ケン・ウィルバー「存在することのシンプルな感覚」Ｐ２３８、春秋社、２００５年）

このケン・ウィルバーの言葉は、先の二つの言葉とは矛盾しているような気もします。

「悟りは時がくれば自然にやってくるもので、それを起こすことはできない」とか、「すべての人はもともと悟っているので、悟りを求めて何かをすることは悟りから離れることだ」というような言い方もあります。

そんな、一見矛盾するいろんな言葉を読むことで、混乱してしまう方も多いようです。

かつての私は「すべては自然に起こってくる」というような考え方にひかれるものを感じながらも、なんらかの実践（セラピーや瞑想など）を行うことで、少しずつ目覚めの体験が深まってくるものだと思っていました。

いくら「物事は自然に起こるのだ」と言われても、「でもやっぱり自分の意思でやらなければいけないこともあるのではないか」という感覚を持っていたように思います。

実際にセラピーや瞑想などを行うことで、この20年以上の間、目覚めと癒しのプロセスが深まってきているのはまぎれもない事実です。

ところが、このプロセスが深まってくればくるほど、それらの実践を行っている自分（周囲の世界と切り離されて個別の意思を持った私）というものはそもそも存在していないんだ、という感覚も同時に深まってきます。

すると、自分の意思でやっていると思っていたさまざまな実践は、宇宙そのものが目覚めようとして、私の身体と心を通してやっていたのだな、ということがわかってくるのです。もう少し簡単に言うと、自分の意思だと思っていたものが、実はすべてそのまま宇宙の意思だった、ということがわかるのです。

つまり「自分の意思と宇宙の意思」あるいは「自分がやろうと思ってやることと自分に自然に起こる行為」はまったく同じことなのです。

そのことがわかってきてから、私は自分がやりたいと思うことを、以前に比べるとずいぶん自由にやることができるようになってきました。自分がやりたいと思うことは、宇宙全体が自分の心と身体を通してやってほしいと思っていることなのです。


さて、悟りを得るために何かできることはあるのか、という最初の問題に戻りましょう。答えはとてもシンプルです。あなたがやりたいと思うことを何でも自由にやること。それがあなたの悟りのために一番大切なことです。

もう少し理屈っぽく言うと、あなたがまだ個別の自分がいるという感覚にとらわれているならば、言い換えると、あなたがまだ「すべては自然にやってくる」という言葉を心の底から実感できていないのであれば、悟りのためにできることはたくさんあります。実践方法はたくさんありますから、自分にあっていると感じるものを心を込めて徹底的にやって下さい。

やがて、個別の自分がいるという感覚が薄れてくるときがきます。そうなってくると、それまでいろんな実践をやってきたとしても、多くの実践体系は自分には合わないような感じがして、実践そのものがとてもシンプルになってくるでしょう。

ただ意識そのものを意識する、というようなシンプルな実践にひかれるようになってきます。

そして、そのときには、悟りのための実践は、自分が行っているという感覚ではなくなって、ただ必要なプロセスが自分に起こっているだけだ、という感じになっているでしょう。すると、悟りを得るためにできることはあるのか、という疑問そのものが消えていきます。

悟りを得るためにできることがあるのかと悩んできたことや、目覚めが深まっていくプロセスの中で体験した苦しみや、そもそもそれを体験してきた自分自身の存在すらも、大きな私の中で次々と形をかえながら、やってきては去って行くエネルギーの流れにすぎなかったことがわかるからです。

すべてはもともと悟っている、という言葉の本当の意味がわかってくるのです。

どうぞあまり難しく考えすぎないように。今自分に必要だと思うことを自由にやって下さい。その行為自体が、あなたの悟りがこの宇宙に表現されている姿なのです。

11章　人間関係を通して目覚める

目覚めた人と目覚めていない人

自分の内側で目覚めのプロセスが始まって、世界のより深い次元を感じ取るようになると、「あの人は目覚めているけど、この人はまだ目覚めていない」というような思考が自然と心に浮かんでくる時期があります。誰に出会っても、その人がどの程度目覚めているのか、自分よりも目覚めているのか、ということが気になります。

自分のほうが目覚めが深いぞ、と思えば優越感を感じ、この人は自分よりも目覚めているようだ、と思えば劣等感を感じてしまいます。

もう少し気づきが深まってくると、そんな判断をしてしまう自分自身に罪悪感を感じてしまうこともあるかもしれません。

でも、どんな思考が心に浮かんできても、それをそのまま信じる必要はないのです。

「あの人は目覚めている」「この人は目覚めていない」というような思考が浮かんできたら、それを単なる一つの思考だと気づいて、ただ流していきましょう。人の目覚めについてあれこれ判断を下す自分自身を判断している思考に気づいたら、それも単なる一つの思考だと気づいて、ただ流していきましょう。

そういう思考（言葉の流れ）が頭の中を通りすぎていくことに、ただ気づいておきましょう。

少し別の視点から見れば、他者が目覚めているかどうかが気になるということは、自分自身がまだ目覚めていない、ということを教えてくれる大切なメッセージです。

真実の目覚めの状態に落ち着いてくると、つまり、あらゆる二元性を超えてすべてのものをありのまま見ることができるようになってくると、目覚めている人、目覚めていない人、という視点も抜け落ちていきます。

目覚めているように見えたり、目覚めていないように見えたりするその状況そのものが、目覚めそのもの、空そのもの、存在そのもののかけがえのない表現であることが見えてきます。

「すべてのことはただそうなっているだけである」という言葉の意味が理解されます。

「ありのまま」という言葉の意味が理解されます。

思考によって「私」を制限すること

私のまわりにいる人たちが少しずつ真の目覚めを体験しつつあるのを見て、とても不思議な感じがすることがあります。

以前は、これほど多くの人が人生の真実を求めているのに、それを実際に体験している人がほとんどいない（ように見える）のはどうしてなのだろう、と思っていたことがありました。

それは、ただ単に、私がまだ本当の意味では目覚めていなかっただけだったのです。

目覚め、悟りという概念について、誤解や思い込みをしている人がまだまだたくさんいるような気がします。目覚めるということは、この世のものではない別の世界に行くことではありません。

もっとはっきり言ってしまえば、世界というのは今あなたが見て感じているこの世界しかないのです。

ところが、実際に目覚めのプロセスが進行していくと、まるで別の次元に移行していくような感覚を感じることが何度もあります。

5次元だの7次元だのといった言葉を使っている人がいると、昔は「何をおかしなことを言っているのだろう」というような目で見ていましたが、最近はその言葉の意味がわかるような気がします。

そんなふうに、まったく別の次元に行くような感覚がするのは、私たちがいる世界があまりにも思考によって制限されていて、本来の自然な在り方から遠くはなれてしまっているためです。すると、その思考の制限が少しずつ外れていくときに、まったく違う世界に出ていくような感覚がするのです。

しかし、そのプロセスが十分深まってくると、何か特別なことが起こっているという感覚は小さくなってきます。

すべてのことは驚くべき神秘であると同時に、まったく自然な普通のことであることがわかります。

私たちは思考によってありのままの世界を分割し、あるものはオッケー、それ以外のものはオッケーでない、という判断を下します。そして、オッケーとされたものだけをもとにして自分の世界を構築するのです。

まずは、自分にとってオッケーでないと判断してしまったものが何なのかに気づいていくことが大切です。それに気づいておくだけで、その部分で収縮してしまったエネルギーが流れ始めます。

そもそも、「私」という感覚、自己感覚とは、エネルギーの収縮、こわばりそのもののことですから、収縮が緩んでくると「私」という感覚が緩み始めます。「私はこれこれこんな人間である」という感覚、自分を何かに特定する感覚が小さくなってくるのです。

怒りを感じるときもあれば、喜びを感じるときもある。病気になるときもあれば、健康なときもある。神経質になるときもあれば、大雑把になるときもある。

そのどれかが自分なのではなくて、それらの変化そのもの、エネルギーの流れそのものが自分である、という感覚が生まれてきます。

死んだら天国に行ける、と信じている人もいますが、天国と地獄は今この瞬間に同時に存在しています。自分で自分のことを制限すればするほど、この世界は地獄のように見えてきます。制限を手放したとき、地獄のように見えていたことも含めてすべてはありのままだったことが思い出されます。「天国」という言葉で表現されるのはこのことなのです。

本当は今この瞬間にあなたも私も悟っています。

そのことを思い出せるのは、いつかやってくる未来ではなくて「今、この瞬間」なのです。

他者を否定することが自分を苦しめる

私たちはほとんど四六時中、心の中で、これはオッケーだけど、あれはオッケーでない、というような判断を繰り返し、その考えと完全に一体化しています。その判断、その思考を信じてしまうことが自分を制限し、自分自身を苦しめていることにも気づかずに。

そのことに気づくために、いわゆる自己探求、自分探しのプロセスを進めていくわけですが、それはただ自分の内側に起こることを見ていくことだけではありません。

もちろん、内面を流れて行く思考や感情と同一化せずに、すべてをありのまま見ていく視点に落ち着いていられるのであれば、一人で座って瞑想しながら内面を見ていくだけで十分かもしれませんが、それはなかなか難しいわけです。

では、どうすればいいのか。

あなたの周囲の世界をよく見ることです。

私たちは日々いろんな出来事に出会い、多くの人たちと接しています。

あんなことをしてはいけない

あんな出来事が起こるべきではない

よくあんなことができるな

といったような判断の思考が、いつのまにか心に浮かんできていませんか？

思考と完全に一体化しているときには、そんな思考が浮かんでいる、という気づきも起こりません。ただ、その出来事、その人物に問題がある、ということしか考えられないのです。

もちろん、あまりにも悲惨な出来事、どうしても許せない他者の行動というものはたしかにあります。でも、あなた自身を苦しめているのは、その出来事、その人物に対してあなたが持っている判断、あなたが貼付けているレッテルなのです。

外の世界の何か、誰かを判断し、否定するたびに、自分自身を否定し、自分自身を苦しめています。そのたびに、大いなる存在としての自分をエゴとしての自分に制限し、自分を小さな枠の中に閉じ込めていきます。

まず、判断していることに気づくことから始めてみて下さい。心の中に判断の思考が流れていることに、ただ気づくのです。

そして、できれば、そのときの身体の感覚を意識します。身体のどこがこわばっているか、どこに力が入っているかを、意識しておいて下さい。それをどうにかしようとする必要はありません。ただ、気づいておくだけでいいのです。

すると、やがて、その部分の収縮が自然に緩んできます。自分という感覚が緩んでくるのです。

もちろん、あなたに何か直接的な影響がある場合は、実際的な行動を起こすことをためらわないで下さい。ただ、そのときにも、身体の感覚とつながりながら行動することを忘れないようにして下さい。

このプロセスの練習として私がお勧めしたいのは、テレビを見ながら自分の内面の反応に気づいていく、というものです。感情をかき立てられるようなドラマや悲惨なニュースを見たとき、自分の内側でどんな反応が起こっているかをよく見て下さい。

これはただ座って瞑想するよりも何倍も効果的な気づきのエクササイズになる可能性があります。世界は、あなたに、あなたのどの部分がまだ目覚めていないか、どの部分で自分を収縮させているか、つまりあなたのどの部分がまだ癒されていないかを、いつも見せてくれています。

あなたのまわりの世界、あなたに関わるすべての人は、あなたが癒され、本当の自分に目覚めるためのサポートをしてくれているのです。それがあなたにとってどんなに辛い人であったとしても。

とはいっても、私自身、周囲の世界を通してすぐに自己否定に気づけているかというと、いつもそうではありません。

10年くらい前になるでしょうか、周囲の世界を否定している自分にはっきり気づくようになってきた頃がありました。街を歩いていると、周囲にいる人のいろんな部分が気になって、もう外に出るだけで思考がぐるぐる回り続けて苦しくなるような感覚があったのです。

ちょっと無理な車の運転に文句をいい、歩きながらタバコをすっている人にイライラし、派手な（あるいは地味すぎる）洋服を来ている人のセンスを疑ったり。自分でしようとしているわけではないのに、判断の思考が次々と心を流れていき、もうそれだけで疲れ果ててしまうような感覚があったのです。

でも、今思えば、ずっと昔から同じようなことをしていたのです。ただそれに気づいていなかっただけで。

そのあと、さまざまな内的プロセスを体験していく中で、そういった思考はだんだんと静まってきました。

以前同じような場面に出会ったときにはとてもイライラしていたのに、無意識の反応を何も起こさずにただその場面を見ているだけの自分に気がついて、不思議な気分になることが何度もありました。

そういう感覚を感じる度に思ったのは、今もしあなたが何かの出来事に悩まされているとしても、そのことを問題に感じなくなる可能性がある、ということです。

もちろん、その出来事自体が変化することでもう気にならなくなる、ということもありますが、その出来事自体がまったく変わらなくても、あなたのほうが変容することでそのことが問題でなくなる、ということがありうるのです。

このことは、頭では理解できたとしても、それを実際に体験するまではいったいどんな感覚なのかわかりにくいかもしれません。それは、考え方を変える、というようなものではなくて、考えの枠組み自体が広がってくる、言い換えれば、自分という制限が緩み始め、大いなる自分、大いなる存在にアイデンティティを移していく、ということです。

例えば、ある人の気になる行動を見てイライラしている状況があったとします。

「あの人は過去に辛い体験があって、その癒されていない痛みをああいう形で表現しているだけなのだ」とか「あの人は無意識に愛を求めていて、でもそのことを自覚していないから、ああいう形で人の注意を惹こうとしているだけなのだ」と考えることで、自分の内側で起こる反応を正当化して、自分の気持ちを落ち着かせることもできます。

一方で、真の変容が起こるときは思考レベルを越えたところで変化が始まります。

その人を見て感じるイライラは、実は自分自身の認められていない怒りなのだ、ということに気づき、その怒りをエネルギーレベルでしっかりと実感し癒して統合していくプロセスが起こるのです。

このプロセスを十分に体験していくと、やがて思考が静まり始め、以前と同じような反応が起こらなくなってくることに気づきます。

これは、もっとも深いレベルで自分をありのままに認める、ということですし、同時に、相手の人がありのままに存在するためのスペースを提供することにもなります。

あなたも相手も、愛そのもの、エネルギーそのものであることが思い出されてくるのです。

恋愛関係と悟り

理想のパートナーに出会えば人生のいろんな苦しみから解放される、という幻想を持っている人が多くいるようです。どうしてこういった幻想が一般的になっているのか、とても不思議な感じがします。

それはもしかしたら、ドラマや映画などで、理想のパートナーに出会ってその後二人は幸せにくらしましたとさ、チャンチャン、というようなパターンが多くあるからでしょうか。

あるいは逆に、両親の不幸な関係をずっと見続けて、自分はこんなふうにはならないように理想的な相手を見つけよう、と考えるところから来ているのでしょうか。

さらに、この幻想は、そもそも「世界と切り離された個人として私やあなたが存在している」という幻想とセットになっているのかもしれません。

「全体と切り離された個別の私がいる」という幻想を信じてしまうと、心の奥ではいつもひとりぼっちの不安感、孤独感を感じていますから、パートナーを見つけることでその不安感、孤独感が解消されると信じてしまうのでしょう。

しかしながら、実際のところは、パートナーが見つかったと思っても、その高揚感が消える頃には、一人のときよりもさらに大きな不安や孤独感がやってくることが多いです。


誰かと恋に落ちてパートナーになるということは、そのことで不安や孤独感がなくなるのではなくて、自分の本当の姿を思い出す魂の旅を始める出発点にすぎません。一緒に旅をしていくパートナーを宇宙が与えてくれるのが恋に落ちるという現象なのです。

宇宙のはからいはあまりにもうまくできていて、自分の内側にあって、まだ光が当たっていない部分を見せてくれるのにぴったりの相手、ぴったりの旅の伴侶を与えてくれます。

その相手との関係の中では、まだ癒されていない過去の傷、過去の痛みが、いつも最善のタイミングで浮上してきます。

それが浮上してきたときは、その痛み、その傷を癒すとてもいいチャンスなのに、多くの人はそれを大切なチャンスだとは思わずに、相手が悪い、相手のせいで自分は傷ついた、と勘違いしてしまい、その傷をさらに深めてしまうのです。

パートナーの双方がこのことに気づいて、関係の中で意識的に自分の傷と向き合うようにすれば、その関係はお互いを深く癒し、その関係を通じて人生の真実に至る素晴らしい関係になるでしょう。人間であるその相手を通して神に至るのです。

逆に、お互いがそのプロセスに無意識であれば、その関係は破綻するか、表面だけを取り繕って中身のないまま続いていくしかありません。

セラピーの中でよく出会うのは、パートナーの一方だけがそういったプロセスに気づき始めている状態です。

気づき始めた方の人は、最初は辛いかもしれませんが、意識をしっかり今ここに向けることで、つまり、自分の内面の痛みや苦しみにきちんと向き合って癒していくことで、相手が深い部分から変わっていけるスペースを作ることができます。自分を癒すことが、同時に相手を癒すことにもなるのです。

このような関係をエックハルト・トールは「悟りに目覚めた人間関係」と呼びました。

「悟りに目覚めた人間関係」というのは、関係の中で生じるどんな感情や感覚もありのまま感じとり、意識の光を当てて、それを変容させていくということです。

内側の沈黙を意識しながら、相手と向き合うということです。

インナーボディを感じながら、相手の話を聞くということです。

相手にその人自身の本当の姿を思い出すためのスペースを与えるということです。

これを意識的に行っていくと、今では想像もできない形で関係の質が変わっていきます。

身近な人たちが愛し難くなるとき

癒しと目覚めのプロセスが深まっていくと、とても楽になってきたと感じる一方で、周囲の人たちからいわれのない感情をぶつけられたり、身近な人たちが問題を起こして困ってしまうときがあります。やっと苦しみから抜け出す感覚がわかってきて、楽になり始めたばかりなのに、どうしてまたこんなときに限ってこんなことが起こるの？　と思うことがあるかもしれません。

でも、それは、あなたが楽になり始めたからこそ起こっているのです。

癒しと目覚めのプロセスというのは、あなたがありのままのあなたを認めることができるようになっていくプロセスです。

あなたが、それまで「これが自分だ」と思っていた自分の感覚、自分のアイデンティティが広がっていくプロセスです。

それまで、本当は自分の一部なのに「こんな自分は自分ではない」と考えることで自分から切り離していた自分の一部を自分自身に取り戻していくプロセスです。

自分という存在が広がり、より「スペース」「空間」に近づいていくプロセスです。

そのスペースはあなたの周囲にいる人たちをも包み込みます。すると、あなたの身近にいる人たちは「今のこの人なら、自分のありのままの姿を見せても受け止めてもらえる」と無意識に感じ取るのです。

そう感じとった人たちは、それまで自分の心の奥にありながら、「そんなものはあってはいけない」と考えることで自分から切り離していた感情をあなたに向けて表現してきます。

自分ではなかなかそれを認めることができないので、あなたに受け止めてもらうことで、それを何とか自分の一部として取り戻そう、自分自身を癒していこうとしているのです。

もしあなたの周囲の人が、あなたにとって急に扱いにくい振る舞いをし始めたとしたら、それはあなたがより深く癒されてきて、あなたの心の力が大きくなってきたこと、あなたの心のスペースがより広がってきたことの現れだと思って下さい。

どうしてこんなややこしいことが起こるんだ、と考えるのではなくて、その人があなたの愛を必要としているのだ、ということを意識して下さい。

すべての否定性は愛を求める叫びなのです。

もちろん、自分の境界を守ることは大切です。あなたの身近な人が、あなたにとってどうしても受け入れられない振る舞いをしたら、きっぱりと拒否することもときには必要です。

でも、一番大切なことは、あなたが現実にどんな対応を取るとしても、常に今ここにいること、あなたの内側で起こるすべての反応、すべての思考、感情をありのままに感じとって認めることです。

あなたが今ここにいて、内面の反応をありのまま認めているとき、あなたは自分自身を愛しています。すると、その愛のエネルギーは周囲の人たちにも無意識に伝わり、あたたの周りの人たちは「自分は愛されている」という安心感を感じるのです。

自分をありのままに愛する、ということのエネルギーはとてつもなく強力です。

子どもさんの問題行動を心配している親御さんがセラピーを受けると、一度のセラピーを受けただけで、家に帰ると子どもさんの様子がすっかり変わっていた、ということさえ起こります。

小さな子どもはエネルギーの変化をストレートに感じるのでしょう。

セラピーや瞑想の実践などを通して、本当に内面の変化のプロセスが始まると、心身の状態が一時的に悪化したように感じられるときがあります。浄化が始まり、それまで滞っていたエネルギーが流れ始めるときです。「好転反応」と呼ばれることもあります。

この好転反応が人間関係の中でも起こることがあるのです。

とはいっても、周囲の人たちの扱いにくい振る舞いに接すると、ほとんどの人は怒りや落胆の感情で反応してしまいがちです。「こんなにあなたのことを思っていろいろやっているのに、どうしてそのことをわかってくれないの？」といったような。

そのとき、あなた自身の怒りや落胆も愛を求めている叫びだと気づくことができると、状況はさらに変化しやすくなるでしょう。

私たちの多くは互いに愛を求めながら、つまり、ありのままの自分の存在を認めてほしいと思いながら、その気持ちを否定性という形で無意識に表現することしかできないために、大切な関係を終わらせてしまうことがあります。

あなたのまわりの人たちがあなたに向けて心の痛みを表現してきたとき、その痛みは自分自身の内面にも同じように存在しているのだ、ということを意識してみましょう。

つい無意識になって怒りをぶつけ合ってしまうような状況は、実は、お互いが自分の心の痛みを表現しあっているのだ、お互いに「もっと私のことを見てよ」「もっと私を愛して」と叫びあっているのだ、ということに気づいてみましょう。

もっとストレートに言えば、その状況はあなた自身のまだ気づいていない苦しみを見せてくれるために起こっている、とても大切な状況なのです。

お互いがそのことに気づけば、その関係は互いを深く癒し合っていけるすばらしい関係になるでしょう。

愛を求めていながら、それを否定性としてしか表現できない状況を、エックハルト・トールは「ペインボディも、人間と同じように、生きるための『栄養』を必要としています。」（『さとりをひらくと人生はシンプルで楽になる』Ｐ57　徳間書店、２００２年）と表現しています。ペインボディとは自分の内面の癒されていない過去の痛みのエネルギー。

怒りを向けられるとつい怒りで反応してしまうように、無意識で生きていると否定性には否定性で反応してしまいがちです。するとペインボディは自分と同じ「痛み」という栄養を得ることができ、そのペインボディはますます生き長らえることができるのです。

関係の中で、特に親密な関係の中で否定的なエネルギーがうごめき始めたとき（ペインボディが活性化し始めたとき）、もし可能であれば、パートナーとそのことについて話し合ってみましょう。「今、自分の中のペインボディが栄養を求めて動き出しているみたいだ」と。

起こっていることを相手のせいにしないようにしてみましょう。

そして、できれば「もっとやさしくしてほしい」「抱きしめてほしい」といったような言葉で、愛を求める気持ちをストレートに表現してみましょう。

あなたの中でいつも無意識のうちに愛を求めているインナーチャイルド（内なる子ども）の声を聞いてあげましょう。

多くの人にとっては、これが心のスペースが広がっていく第一歩、あなたがもともとスペースそのものであることを思い出す第一歩になります。

12章　探求の終わり

不可思議な世界

23才の最初の一瞥体験のときに感じた感覚の一つは、この世界のすべてのものが不思議で不思議でたまらない、という感覚でした。

ここに私がいること、そこにあなたがいること、机があること、イスがあること、花が咲き、水が流れ、風が吹き、色があり、光があり……すべてのものがただそこにそうして「在る」ということが、とんでもない驚異、信じられない神秘として感じられたのです。

もちろん、何度も書いているように、その感覚を感じられたからといって、すべての問題が解決してすっかり楽になったわけではありません。どこか深い部分で「これで自分は助かった」という感覚を感じながらも、そこから新たに始まった苦しみもあったのです。それ以前には心の奥に封じ込めていた心理的な問題が、大いなる光を当てられることでやっと解決に向かって動き出したような感覚です。

それまで凍り付いてフリーズしていた、一人の人間として成長していくために必要なプロセスが、やっと溶け出して進行し始めたかのようでした。神の領域をかいま見ることができたおかげで、やっと人間の領域の問題に取り組むスペースができた、とも言えるでしょう。

そのプロセスの中で、いろんな新しい人たちと出会ったり、会社勤めをしたり、会社を辞めたり、まったく違ったエネルギーの人たちと出会ったり、さまざまことがありました。そうやって人間的な作業にエネルギーを向けているときには、世界の不思議さのことは表面的には忘れているときもありました。

でも、今ふりかえると、そういった日常の生活の波にもまれていたときにも、ふとした瞬間に世界の神秘が意識の表面に上ってくる瞬間があったのを思い出します。

今でもとても印象深く思い出すのは、5年間のサラリーマン時代の後半、東京で一人暮らしをしていた頃のことです。

会社が終わって銀座の繁華街をぼんやりと歩いていたとき、ビルとビルの間の低い空に、今まさに上ってきたばかりの大きな満月がぽっかりと浮かんでいました。大勢の人ごみのなかで、自分だけが宇宙の大きなエネルギーとつながっているかのような感覚を感じ、先の見えない不安や一人暮らしの寂しさも忘れ、ただぼうぜんと月を眺めていました。

数年前から宇宙のことに興味を引かれることが増えています。この地球を包み込んでいる無限に広い宇宙空間の存在に意識を向けるだけで、今この瞬間にある神秘を感じることができるかもしれません。

そして、もちろん、本当はそんなことをしなくても、世界の神秘はあなたのまわりにいつも存在しています。というよりも、あなたが神秘そのものなのです。

日常の何気ない瞬間にフッと感じる不思議な感覚。「あれ？」と思うような微妙な感覚を、単なる気のせいだと無視しないようにして、よく味わってみて下さい。その体験そのものが悟りではないけれど、「これが世界だ」という思い込みを緩めていくきっかけになります。

一方、その感覚に気づくようになると、今度は神秘の世界にばかり重きをおいてしまい、この身体と心を通して行っている日常生活がおろそかになってくる可能性もあります。私もそういった時期があったような気がしますし、目覚めのプロセスの中ではほとんどの人が通過する段階なのかもしれません。

しかし、やがてその段階すら通過して、すべてのことは日常の当たり前のことであると〝同時に〟神秘であること、その神秘そのものが日常の当たり前のこととして表現されていることがわかってきます（色即是空空即是色）。

神秘と日常の間に区別はなく、ただ一つのエネルギーだけがあることが理解されます。

ただ「それ」だけがあるのです。

夢から覚めるという夢

最初の一瞥体験のあと、現実生活のさまざまなものごとは一種の夢のようなものであって、その夢から、「私」という夢から目覚めていくことだけが真実で大切なことなんだ、というような感覚を持っていた時期がありました。

そのため、目覚めていくための作業（例えば、セラピーを受けたり、ワークショップに参加したり、目覚めについて人と語りあったり、瞑想したり、本を読んだり……）には真剣に取り組んでいきながら、日々の暮らしのあれこれに関しては、どこかいい加減に扱っていたような気がします。日常生活そのものが修行なのだ、と口では言いながら。

ところが、数年前からその感覚が変わってきていました。「夢から覚める」ということ自体もその夢の一部だった、ということに気づいたのです。

「夢から覚めなくては」「夢から覚めればもっと楽になるぞ」という思い込みのもとに、どこか頑張っていた私。「夢の状態」があり、一方で「リアルなもの」がある、という思い込み。物事を二つに分けてしまう思い込み。

その思い込みが単なる思い込みであったと気づいたとき、そもそもの最初からそこにあった平安が感じられるようになってきました。

夢から抜け出さなくては、という頑張りそのものが苦しみの原因である「私」という感覚を作り出していたのですね。なんというパラドックス。

すべては夢であると同時にリアル。

「夢」「リアル」という言葉を超えて、ただありのまま。

ただ、「それ」そのものとして、そこにある。

「それ」だけがある。

悟りとは存在するすべて

覚醒、悟り、真の癒しというのは、存在するすべてのものが「それ」そのものであるということを思い出すことです。

「それ」という言葉は意識、存在、気づき、神、仏、などなど、さまざまな言葉に置き換えることができますが、要するに、この多様な世界の背景にある、あるいは、見かけ上の多様な世界を作り出している、たった一つの「何か」のことです。

変化が常であるこの世界の中でまったく変化しない何か、と言ってもいいでしょう。

変化の背景にある変化しないもの。

覚醒や悟りを探求していると、心の平安や至福感ばかりに焦点をあててしまいがちですが、もし平安や至福感が悟りであって、そうでない状態は悟りではないもの、間違ったものだと考えてしまうと、真の悟りからは遠ざかってしまいます。苦しみや痛みすら、あなたという存在の全体性を構成している大切な一つの要素なのです。

苦しみや痛みは、あなたという全体性の中で、緊張して収縮してしまい、周囲の世界から分離した自分が存在しているという思い込みを生み出している部分を教えてくれる大切なメッセージです。

苦しみや痛みは、あなたの中で、光を求めている、注目を求めている、愛を求めている叫び声です。

苦しみや痛みについて頭で考えるのではなくて、ただ、そのエネルギーとともに在ること。

どんな苦しみや痛みもやってきてはいつかは去っていきます。それとまったく同じように、どんな平安や至福感もやってきてはいつかは去っていきます。

そして、その苦しみや至福を経験していると思っているあなた、その心と身体すら、あるときこの世界にやってきていつかは去っていきます。

でも、そのことに気づいている「あなた」はやってきたり去っていったりしません。

すべてのものがやってきては去っていくことに気づいている「あなた」として今ここに在りましょう。

やがて、苦しみも痛みも平安も至福もそれに気づいている「あなた」も、すべてが「それ」そのものであることを思い出します。

すべてのものはもともと、それ、意識、存在、気づき、神、仏、そのものだったのです。


ただ、「それ」として在ること。

ただ、ありのままでいること。

完璧という言葉すら超えた完璧さ。

適切という言葉すら超えた適切さ。


そのままで大丈夫。

第3部　帰還〜ストーリーを生きる

1章　腰痛という恩寵

突然の腰痛

自宅のある境港とセッションルームのある新大阪をほぼ1週間ごとに往復しながらセラピーの仕事をする生活が12年目に入った2014年の8月初め、新大阪のセッションルームでセラピーの準備をしているときに、以前から感じていた腰痛がひどくなり座っているのも辛い状態になってきました。

これでは十分なセラピーを提供するのは難しいと判断し、その週は残りのセッションの予約をキャンセルし、ほうほうの体で境港の自宅まで戻りました。これまで親が死んだとき以外に私からセッションをキャンセルしたことはなかったので、これは私自身にとってもずいぶんショックな出来事でした。

最初のうちは疲れがたまっているのだろうと思い、少し早めのお盆休みということにして、お盆明けまでの半月程度の予約をキャンセルして自宅でのんびりするつもりにしていました。しかし、状況はそれどころではなかったのです。

それからの約2ヶ月間、トイレと食事以外の時間はほとんど横になったままで過ごしました。食事のときにも長い時間椅子に座っているのは辛いので、台所の床にヨガマットを敷いて、食事の途中にも横になったりしていました。いつもズキズキ痛むわけではないけれど、少し起きて身体を動かしていると、腰が苦しくなってきて横にならずにはいられなくなってくるのです。

８月が終わり9月に入っても、いつになったらまた以前のように新大阪でのセッションができるようになるのか、まったく想像がつきませんでした。


その頃になってやっと、これは人生の大きな節目が来ているのだ、そろそろ生活のパターンを変えないといけないんだ、ということを認めざるを得なくなってきました。

大阪の拠点を手放すのは、仕事が少なくなって収入が減るという経済的な問題も大きいのですが、自分のセラピストとしてのアイデンティティが揺らぐような感覚があって、心のどこかでとても抵抗していた感じがします。とはいえ、身体が突きつけてきたこれほど大きなメッセージを無視することはもうできなくなっていました。

結局、２０１４年10月14日をもって新大阪セッションルームとして使っていたマンションの賃貸契約を終え、境港に腰を落ち着けて生活することにしました。最初に新大阪に拠点を移してから16年もすぎていました。

感情の爆発

これまでもぎっくり腰になったことは2、3回ありましたが、そのときにはせいぜい2週間くらいで少しずつ普通の生活に戻れたように記憶しています。今回のこの腰痛はぎっくり腰とはまったく違う何かだ、ということだけは最初からわかっていました。

とにかく四六時中腰が重苦しくて鈍い痛みがあり、ときどき鋭い痛みもやってくる、最初の頃はそんな感じだったのです。

仕事ができなくなり大変なことになったと思う一方で、動けなくなった当初からちょっと不思議な感覚がありました。この腰痛を通して一番大切な何かとつながったのだ、と感じていたのです。

セラピーを受けて下さる方にはいつも「起こっていることを身体の感覚を通してありのまま感じるように」ということをお話しします。そのアドバイスを今こそ自分自身に適用するときなんだ、と気づきました。

身体の中で起こっていることを、頭であれこれ考えないようにしてありのまま味わってみました。すると、もう信じられないくらいの勢いで涙が出てくるのです。最初の1、2ヶ月くらいは起きている時間の半分くらいは泣き続けていました。

ブレスワークを初めて受けてから、特別な理由もなく涙が出てくることはときどきあったのですが、これほどまでの激しい勢いで溢れるように涙が出るというのは初めてのことです。最初のうちは戸惑いもあったのですが、泣けば泣くほど腰を含めた体全体が楽になってくるし、これはとても大切なことが起こっているんだという確信があったので、もう起こることに身を任せてしまおうと思いました。

最初のうちは寂しさや悲しさがこみ上げてきました。

自分がこれまでどれほどひとりぼっちで孤独を感じながら生きていたのか、ということを深く実感しました。その寂しさに直接触れることを避けるために「目覚めの体験をした私」に無意識に同一化しようとしていました。

しかし、意識の光が少しずつ深い部分にまで差し込んでくると、無意識の奥深くに潜んでいたその同一化すら剥がれざるを得なくなってきたのでしょう。

起こるにまかせて泣き続けていると、やがて寂しさや悲しさは消えてきました。でも、涙はまだ止まらないのです。感情はともなわないのに、ただ涙が出る、ただエネルギーが爆発的に開放されている、というような感覚になることが増えてきました。

涙が自然に笑いになったり、また涙が込み上げてきたり、ということが交互に起こることもありました。感情がある程度クリアされてくると、その奥にある純粋なエネルギーのようなものが解放されていくのかもしれません。

もし事情がわからない人がこの頃の私の状態を見たら、間違いなく頭がおかしくなったと思ったことでしょう。

このプロセスの最中に自分でもちょっと面白いなと思ったのは、もうこの世のものとは思えないような勢いで泣いているときでも、妻から何か話しかけられたりすると、すぐに普通の意識状態に戻って話をし、またすぐ「泣き」のプロセスに戻れるのです。これには妻も不思議がったり面白がったりしていました。

これは、起こっていることに巻き込まれない視点、すべてをただ見ている視点をしっかり持っているからこそできることだったなと思います。

とはいえ、あまりにも激しく泣き続けていたときに、一瞬、意識がこれまで経験したことのない領域に飛びそうな感覚が起こって、これはちょっとやばい、というような不安が襲ってきたこともありました。その不安はすぐにおさまったのですが、まだ自分が気づいていない何か、意識の光が届いていない領域があるのだな、ということにも気づかせてくれた気がします。

3ヶ月ほどするとひたすら泣き続けるプロセスは徐々に静まってきましたが、1日1回くらいは涙が出ることが続きました。そのプロセスを通過していく中で、これまでぼんやりとしか理解されていなかったさまざまなことがクリアに見えてくるようになったのです。

「悟った私」という夢

心の痛みに直接触れてしまわないように、見せかけの自分（目覚めた私、悟りをひらいた私）と同一化し、表向き多くの人と関わっていながら、心理的には引きこもりのような状態で生きてきました。子どもの頃に得られなかった無条件の愛を周囲の世界に無意識のうちに求めながら、そういった愛を実感したことが一度もなかったので、そもそもそんなものがあるなんて思ったこともなかったのです。

その感覚が、いつも人から受け入れられるかどうかを気にしながら生きる感覚、人目を気にする感覚、神経症的な感覚につながっていました。

子どもの頃、思春期の頃、それぞれの時期に本来だったら体験しておくべき喜びや苦しみをほとんど体験しないままここまで来てしまった、という思いが心に浮かんできて「取り返しのつかないことをしてしまった」とでもいうような激しい胸の痛みに襲われました。自分の人生いったいなんだったんだろうか、と。

でも、もうしょうがないですね。今できることは、その痛みすらもただありのまま感じ取ること、感じることを許すことしかありません。

すると、ちょっと不思議な感覚がやってきたのです。その「取り返しのつかないことをしてしまった」という思考やそれにともなう激しい感情すらも、やってきては去っていくだけなんだ、とでもいうような感覚。

あぁ、そういうことか、と思いました。

これは、「周囲の世界から分離した私がいる」という思い込みが本当に終わろうとしているんだ。「私という夢」から本当に覚めようとしているんだ、自我が本当に死につつあるんだ、ということに気づきました。「取り返しのつかないことをしてしまった私」というのも、自分という感覚への同一化、一つのストーリーにすぎなかったのです。

もちろん、そのストーリーのエネルギー的な実体は、「取り返しのつかないことをしてしまった私」という思考の奥にあった感情（寂しさ、悲しさ、怒り）です。その感情に触れたくないから、触れるのが辛いから「悟った私」さらには「取り返しのつかないことをしてしまった私」というストーリーに無意識にしがみつこうとしていたのですが、逆に言えば、その感情にしっかり触れることでそのしがみつきが自然と緩んできたのです。

2章　感情を扱う

気づきが深まって初めて浮上してくる痛み

目覚めに向かう道の中では、感情は自分ではない、ということに気づく段階があります。一方で、感情が自分ではないと本当に気づくためには、まず一度、感情を自分自身のものだとエネルギーレベルで実感するプロセスが必要です。そのプロセスを経ないで、それらが自分のものではないといくら自分に言い聞かせても、それは感情の抑圧につながってしまいます。

このことは私自身の体験からもよくわかっていたつもりだったのに、今回の腰痛とその後の自分自身の変化のプロセスを見ていると、もっともっと強調されるべき事柄かもしれない、と思うようになりました。

この数年間で私の気づきは急激に深まったように感じていて、すべては本来的には空（くう）であること、個人的なものは何もないこと、誰かが何かをしているわけではなくすべてはただ自然に起こっていること、というような感覚が深く実感されるようになってきました。

すると、これも理論的にはわかっていたつもりだったのですが、そこまでわかってきて初めて実感できる心の痛みと、それにともなって抑圧していた感情が少しずつ意識に上って来て、とても不思議な感じがしていたのです。それがこの腰痛で堰を切ったように流れ出てきました。

私は子どもの頃に親との情緒的な関わりをまったく実感したことがなく、そのことに強い絶望感を感じていたのだな、と思います。子ども時代にまったく子どもでいることができなかった。

そのことに関連する感情を意識的に感じようとすると、人生で取り返しのつかないことをしてしまったとでもいうような、身体がよじれていくような苦しみとともにとめどなく涙がこぼれてきました。これらの感情はあまりにも強烈で生々しすぎて、感情そのものの空性にある程度気づいてからでないと、心の奥から浮上してくることすらできなかったのです。

20数年前に初めてブレスワークを体験したときからずいぶん涙を流してきたのに、まだこれほどの感情のエネルギーがあったのかと驚きました。

でも、不思議なことに、こうして取り返しがつかないと感じるほどの痛みをありのまま感じ、涙を流すことで、その「取り返しがつかない感じ」は消えてしまうのです。どれほど恐れている感情であったとしても、本当の問題はその感情の中身ではなくて、それを恐れて感じないようにしていること、つまり、本当の自分を否定していることなのです。

どれほど認めることが怖い感情であったとしても、それを本当に自分が感じた感情としてありのままに感じとり認めると、手放すことができるのです。そして、心はさらに静まり、今ここにいる感覚が深まってきます。

道を求めている方の多くは、感情は本当の自分ではないと気づく前に、まず感情を取り戻す必要があります。逆説的にいえば、強く道を求めているということ自体、自分の中の何かに抵抗しているということの現れなのです。

自分の中にあるものすべてをありのまま認めることができるようになると、目覚めること、悟ることも含めて、何かを求めるということがなくなってきます。そして、自分はいつも正しい道の上にいたのだと気づきます。

感情を意識にのぼらせる

怒りや悲しみなどの、一般に否定的なものだと思われている感情をどのように扱ったらいいのか、ということは、心の癒しや意識の目覚めを探求している方にとってはとても大切な問題です。

私はよく「感情を解放すること、感情を浄化することが大切だ」ということをお話します。ただ、かつては私自身にも若干の誤解が残っていたのですが、「感情を解放する」ということは、例えば、「怒り」ならば怒りの感情がまったくなくなるまでそれを吐き出してしまう、ということではありません。

一番大切なポイントは、感情をどれだけしっかりと意識できるか、どれだけ意識の表面にのぼらせることができるか、ということです。エックハルト・トールはこのことを「意識の光をあてる」と表現しています。「怒り」「い・か・り」という言葉を通さずに、そのとき身体の中にある感覚そのもの、エネルギーの動きそのものを意識する、ということです。

このとき、自然に起こっているエネルギーの動きを「よい」とか「悪い」とかの判断なく、ただ感じている状態、ただ起こっているままにしている状態になります。すると、そのエネルギーは自分を悩ます何かではなくなり、単なるエネルギーの流れであることがわかります。何かのきっかけで「私」と呼ばれているこの心と身体の中にやってきて、そのうちに去って行く自然な流れの一部であることがわかります。

意識の光をあてられたものは、意識そのものに変容するのです。

とはいっても、このような「感情を意識にのぼらせる」という感覚をなかなか感じることができないときもあります。それは、自分の内側にとても多くの感情のエネルギーが存在しているのに、そのことに自分でも気づいていない場合、感情の抑圧がとても強い場合です。

そんなときには、感情をある程度「吐き出す」体験がまず必要になります。閉じ込められていた感情をある程度解放し、その感情を閉じ込めるために強く緊張していた心と身体が緩んでくると、「感情を意識にのぼらせる感覚」「判断せずにただ感じる取る感覚」がわかりやすくなってきます。

言葉の通常の意味での「感情の解放」が大切なのはこの部分になるわけです。

一方で、もう少し難しい状況があります。

例えば「自分はいつも怒っているよ」とか「いつも寂しくて悲しいよ」と、自分の感情に気づいているつもりになっている場合です。多くの場合、それは変容が起こるほど十分に感情を感じているわけではありません。

感情をありのままに感じるときの一時的な痛みを無意識に避けようとして自然の感情の流れを閉じ込めて

いても、そのエネルギーが大きくなってくると、抑えきれなくなったエネルギーがちょっとしたきっかけで、あるいは何のきっかけもなく溢れてくるような状態になります。

同じような感情を頻繁に感じているのは、抑えきれない感情が無意識に溢れ出しているような状態なのです。

不思議なことに、自分は自分のことがよくわかっていると思っていた部分で、実はまったくわかっていなかった、ということに気づくことがあります。

例えば、自分はこんなにいつも怒っている、と自覚しているつもりだったのに、あるとき「自分はこれほどの怒りを抱えていたんだ」ということに本当に気づいて驚くことがあります。

ちょっとしたきっかけでいつも泣いている自分がいて、自分はこんなに悲しくて寂しいんだ、と思っていたのに、あるとき「自分はこれほど寂しさを抱えて生きていたのか」ということに本当に気づいて驚くことがあります。

それまで見ないようにしていた心の奥に通じる扉がふいに開いて、その暗闇に初めて光が差し込んだような感覚です。そこに存在しているエネルギーをありのまま認められた瞬間です。

すると、それまで何かおそろしいもののように感じられていた感情のエネルギーは、汐の満ち引きと同じように、あるいは、お天気の移り変わりと同じように、宇宙のエネルギーの自然な変化の一部だということがわかります。

すべては大いなる意識の中で起こり、消えていくものであることがわかります。

本当のあなたは、それらのエネルギーの動きにはまったく影響されることのない存在＝大いなる意識そのものなのです。

感情を解放することの大切さ

「私は時折、直接的な非二元のアプローチを通して苦しみから解放されようとする人たちと出会うことがあるが、彼らはいつもマインドの中で行き詰まっているように見受けられる。彼ら自身の感情や気持ちに彼らを実際に再び繋げることができる実践的な師と、一、二年は取り組んで過ごす方が懸命ではないかと思えるときがある。感情から解放されるには、ときには、強烈な感情を実際に表現するカタルシスは必要だ。」（ジム・ドリーヴァー、今西礼子訳『あなたのストーリーを棄てなさい。あなたの人生が始まる。』Ｐ１０６、ナチュラルスピリット、２０１２年）

かなり以前から感情、特に怒りや悲しみなどの否定的な感情に気づき、それらを解放することの大切さについてお話してきました。でも、それほど否定的なエネルギーにばかり焦点を当てなくてもいいのではないか、と考えていた時期もあるのです。

スピリチュアルな考え方の中には、意識を向けるものが実現される、というものもありますから、否定的なものばかりに意識を向けるということはそのエネルギーをさらに大きくしてしまう、と考えられなくもないでしょう。

もう10年以上前になりますが、ある方と話をしていて、こんなことを言われたことがあります。

「中野さんのセラピーは怒りや悲しみなどに焦点を当てすぎている。もっと光の部分だけに意識を向けるようにしたほうがいい」

そう言われて、一時は「そうかもしれないな。セラピーの方向性を考え直したほうがいいのだろうか」と悩みました。でも今はそんなふうには思っていません。抑圧している怒りや悲しみに意識を向けていくことは、目覚めのプロセスの中ではとても大切なステップなのです。


私のセラピーはいわゆる「非二元的な考え方」にもとづいています。非二元的な考え方というのは、「すべては一つ」「すべてのことは自然に起こっている」「行為はあっても行為する人はいない」といったような表現で表されるものの見方です。

このような視点で世界を見ることができるようになったとき、本当の意味での癒し＝全体とつながる感覚を感じることができ、生きることの苦しみから解放されます。この視点を獲得するまでは「ありのまま」という言葉の真の意味も理解できません。

しかし、この非二元的な考え方を知的に受け入れ、さらにはある程度直感的に理解している人であっても、その感覚に安定していることは難しいようです。

一つには、自分が行為者であるという感覚、いわゆる「エゴ」の感覚はあまりにも深く根付いているので、本当はそうではない（行為する人は存在せず、行為が起こっているだけ）ということを直接的な体験として経験したあとでも、古い認識パターンに引き戻される、ということがどうしても起こるのです。

もう一つの要因は、目覚めの体験を、本当の自分を避けるために使ってしまうということにあります。

多くの人は子供時代に心の痛みを体験し、それに触れることを避けるために心と身体を緊張させています。その緊張感こそが周囲の世界から切り離された「自分」という感覚です。

その痛みを十分に体験し、癒していくことで、自分が行為者であるという感覚、自分＝エゴであるという思い込みから抜け出していくことができるのに、その痛みに触れるときに感じる一時的な苦しみを避けるために目覚めの体験を利用する、ということが起こるのです。「自分は目覚めの体験をして真実を知ったので、もう何も問題はないのだ」というように。

しかし、実際に起こっていることは、「自分は目覚めている」という考え、「目覚めた私」というストーリーに同一化しているだけで、やがて自分が考えている目覚めの定義に反するような感情を体験したり、行為をしたりしている自分に気づいて、がっかりしてしまいます。

「自分は目覚めている」という考えを信じ込むことで、未解決になっている感情的な問題を避けようとしてしまうのです。「自分は目覚めている」というのもやってきては去っていく一つの思考にすぎないのに。

この段階では、アジャシャンティが「根本的な正直さ」と表現しているものがとても大切になります。自分の心の奥にあるすべての感情、すべての要素を、正直に、ありのままに認めていくことが必要なのです。

実際には「否定的な感情」などというものは存在していません。ただ一つのエネルギーの動きがあるだけです。問題は、ある感情はよい感情、ある感情はよくない感情と判断すること自体にあるのです。

自分の感情を抑圧しているということは、ある感情をよくない感情だと判断しているということです。セラピーの中で、怒りや悲しみにばかり焦点を当てているように見えるのは、多くの人にとっては、まず閉じ込めてしまっている怒りや悲しみに意識の光を当てていく必要があるからなのです。

光を当てていく、というのは、よい悪いという判断をせずに、ただ感情のエネルギーを感じとっていく、ということです。

ところが、あまりにも抑圧が強い方にとっては、ただ感じるということはとても難しく、どういう感覚なのかがなかなかわからないことがあります。そういう方にとっては、泣いたり大きな声を出したり、というような激しい形の感情の解放（カタルシス）が、目覚めが深まっていくステップの一つとしてどうしても必要なのです。

ただ、このカタルシスの体験はとても気持ちがいいので、その体験に執着してしまう、ということも起こりがちです。ある程度のカタルシスを体験したあとは、感情を外に吐き出すのではなくて、自分の内側でエネルギーそのものとして感じ取る、ということが必要になる時期がやってきます。

あらゆる感情を感じるままに、起こっているままに感じることができるようになってきたとき、感情そのもの（意識の対象物）から、それを感じている私（主体）へと意識の焦点が移ってきます。

感情が生まれてきては消えていくのを見ている私、思考が生まれてきては消えていくのを見ている私、その私を意識できるようになってきたとき、個別の私という感覚は自然と緩んできます。

私という視点が緩んできたときに初めて、よい悪いを超えて世界をありのままに見ることができるようになってくるのです。

3章　さまざまな「目覚め」

「私」の目覚めと「私」からの目覚め

多くの人が「目覚め」という言葉を使ってさまざまなことを伝えています。しかし、よく聞いてみると、同じ言葉を使いながらずいぶん違うことについて話しているように感じることがあります。

人間の意識の発達には段階があります。発達段階をどのように分類するかについては、いろんな考え方があるのですが、どの考え方にも共通するのは、自我が確立される前の段階、自我を確立する段階、自我を越えていく段階の三つです。

第2部で、この三つの段階を高木悠鼓さんの言葉を使って「動物意識の段階」「人間意識の段階」「神意識の段階」という呼び方をしました。

動物意識の段階では、まだ「私」という感覚はしっかりしていなくて、自分が生きているという感覚はあまりありません。家族や社会のエネルギーの中でほんろうされながら生きているように感じています。

人間意識の段階では、「私」という感覚がはっきりしてきて、自分は自分の思うように世界の中で生きていってもいいのだ、ということを理解してきます。

神意識の段階では､その「私」という感覚そのものから目覚めていきます。「私」がなくなるわけではないけれど、その「私」という感覚そのものも、なんら個人的なものではなく、やってきては去っていく単なる一つの感覚であることが理解されます。「私」という夢から目覚めるのです。

ほとんど動物意識で過ごしていた人が、人間意識に目覚め、自分は自分としてこの世界の中で生きていてもいいのだ、自分の思うような生き方をしてもいいのだ、ということに気づいたとき、その感覚はまさしく、長い間眠りこけていた状態から「目覚める」感覚で、まったく違う世界に出て来たような感じがします。

この、自我がしっかりしてくる感覚、つまり「私の目覚め」を「目覚め」という言葉で表現している方も多いようです。

この感覚は人間の成長段階ではとても大切なことですし、特にセラピーの実践を行っていると、この「私」の目覚めを体験することで、症状や苦しみはずいぶん小さくなり、セラピーは一段落することが多いです。

一方で､「目覚め」という言葉にはそれだけではない何かがあります。それが、人間意識から神意識への目覚め、「私」からの目覚めです。

人間意識を獲得し、人生を自分の力で有意義に切り開いて生きている人であっても、すべてが自分の思うとおりにはいかないとわかるときがきます。すべてが順調に行っているとしても、誰も避けることのできない老いや死の問題がやがて意識にのぼってきます。

「中年の危機」という言葉があるように、多くの人は自分の人生の後半期に入る頃、人生の終わりを否応無しに意識し始める頃に、人間意識の限界を感じ始め、神意識への移行プロセスが始まります。それは、さまざまな執着に気づき、手放していくプロセスであり、自分が自分だと思っていたいろんなものが終わっていくプロセスでもあります。

執着が強ければ強いほど人間段階から神段階への移行プロセスには痛みもあります。しかし、そのプロセスが完了したとき、自分が生まれてきたことの意味がわかり、人生が完結する感覚があります。死への準備ができるのです。

今、私のセラピーを受けて下さる方は、こういったプロセスを体験している方が増えています。まだこのプロセスに関する情報はそれほど多くないので、このプロセスに入っていくと、自分がおかしくなったのではないか、と考えて苦しんでしまう人も多いのですが、これは人間の成長の自然なステップの一部ですから心配はいりません。

人間はその成長の過程の中でいろんな「目覚め」を体験していきます。最後の目覚めは「私という感覚」「自分という感覚」〝からの〟目覚めなのです。

「私」からの目覚めの二つの側面

前節では、意識のそれぞれの発達段階で「目覚め」と感じる体験が起こる、ということを書きましたが、神意識への目覚めの中でもいくつかの異なる「目覚めの体験」が起こります。

それをはっきりと認識できるようになったのはステファン・ボディアンの「今、目覚める」の中でこのことに関連する話題を読んでからです。

神意識への目覚め＝もっとも深いリアリティへの目覚め（以下「目覚め」と書きます）には二つの側面があります。

一つは、すべてのものは実体をもたない空っぽなものである、という認識です。

目覚めのプロセスが大きな喪失体験をきっかけに始まった、というお話をうかがうことはよくあることです。その喪失の苦しみの中で物質的なものへ執着が自然にほどけていき、目に見えるこの世界には自分が思っていたような意味はないのだ、ということに気づいて楽になっていく、ということが起こります。

一方で、世界の空性に気づいただけでは「この世には何の意味もないのだ」というようなあきらめの気持ちが大きくなり、世界から距離を置くような態度になってしまうこともあるようです。

また、特に大きな喪失体験がなくても、あるとき突然に世界の空虚さに気づいてしまう、という体験もあります。その場合、その空虚感をありのまま感じ取ることができないと、空虚感そのものが苦しみの要因になることもあります。

目覚めのもう一つの側面は、その「空（くう）」そのものが目に見えるすべての世界として現れている、すべてのものが一つにつながっているという認識です。

そこでは、すべてのものは同じように意味と価値を持っていて、空はただ空っぽなのではなく、満たされた空なのだ、ということが実感されます。

「色即是空、空即是色」という有名な般若心経の言葉は、その前半が目覚めの第一の側面（目に見える世界はすべて空っぽである）を表し、後半が目覚めの第二の側面（その空っぽさが目に見える世界となって現れている）を表しています。

この目覚めの二つの側面が一つに統合されたときに、目覚めのプロセスが完了します。

ステファン・ボディアンによると、多くの人は世界の空性をまず認識し、そのあとに空もまた同時に形あるものである、という気づきを得ることが多いが、それが逆の場合もある、ということです。

ここを読んだときに、自分の目覚めの体験がとてもクリアに見えてきたような気がしました。

私の20数年前の一瞥体験は、すべてのものが私であり神である、という気づきでした。そのときには、世界の空性についてはなんとなく感じているだけでした。

一昨年からの腰痛とその前後の内的な変動のプロセスを通して、それまでどこか無意識に避けようとしていた世界と自分の空性に否応無しに直面させられた感じがしています。

そのプロセスがもっとも激しく進んでいたときには、ちょっと自分がおかしくなってしまうのではないかと心配になるくらいの感覚があったのですが、やがて「自分とは何でもなくて同時にすべてである」という認識に落ち着けるようになってきたとき、これまで感じたことのないような平安がそこにありました。普段は思考が邪魔をしてそれが見えなくなっているだけなのです。

まずは、思考の背後にいつもある、平安、沈黙に気づくこと、そして、それをできるだけいつも意識しておくことが大切です。

すると、やがて「自分」という感覚が、この心と身体から平安そのもの、沈黙そのものへと自然にシフトしていくときがやってきます。

二重の目覚め、二重の苦しみ

「私」からの目覚めのプロセスが起こるのは、自我をしっかり確立し「私」という夢を十分生きてきた中年期以降であることがこれまでは多かったようです。

若い頃は覚醒や悟りなどにはまったく関心を持たずに、いわゆる世俗的な目的（お金、名誉、地位、人間関係など）を追い求め、それらを求める欲求をある程度満たした上で、それでも何か満たされない感覚がある、人生には何かもっと違うものがある、と感じ始めて探求の道に進む、という形が一般的だったのではないでしょうか。

しかし、私自身がそうだったように、現代では自我がまだしっかりしていない若い頃に真の目覚めの道に入る人が増えています。中には、特に興味を持っていたわけではないのに、突然目覚めのプロセスに投げ込まれてしまう人もいます。

社会がますます高度化することで、親子関係、人間関係が希薄になり、情緒的、感情的なつながりが薄くなって、自分でも気づかないうちに心の痛みを抱えている人が増えてきているからかもしれません。もっといえば、世界全体が目覚め始めていることの現れなのかもしれません。

トランスパーソナル心理学では自我をしっかり確立してからそれを超えることが大切だと言われます。そうしないと、大いなるものに飲み込まれてしまって日常生活が困難になってしまいます。

もっとも深いリアリティを垣間見てしまうと、世の中の多くの人が信じている物質的な価値観を盲目的に信じることができなくなるので、物質的な価値観にもとづいた自我を形作るのが難しくなってくるのです。

そのため、目覚めのプロセスの途中で「探求する私」「目覚めた私」というアイデンティティに同一化してしまうのは、この世界というゲームの中にある程度の居場所を確保するためには避けられないこと、ある意味必要なことなのかもしれません。

そのとき大切なことはそれに気づいておくこと。今自分は「探求する私」「目覚めた私」という仮の自分を演じることでこの世界の中の居場所を作っているのだとわかっておくことです。

若い頃に目覚め始めると、自分が直感的に知った世界と目に見える現実の世界のギャップに苦しむことがあります。どちらがより真実であるとか、どちらがより大切であるということはありません。より意識が深まってくれば、どちらも大切だし、どちらもそれほど意味はないということがわかってきます。

もし今あなたがそういったギャップに苦しんでいるのなら、目に見える現実だけがすべてではない、ということをわかりながら、ゲームのルールだと割り切ってこの世的な価値観を学んでいく必要があります。

ルールはこの現象世界を維持していく上ではとても大切なものです。それに従うにしても反抗するにしても、それはゲームのルールなのだとわかった上で、できるだけ意識的にすることが大切です。

そうして、この世界というゲームの中の一つの駒である「自我」「小さな自分」の感覚がしっかりしてくると、その小さな自分を離れて見るもう一つ上の視点が育つ可能性が生まれてきます。その小さな自分を通して大きな自分を表現できるようになってくるのです。大きな自分（目覚めた意識、内なる神、仏性、ワンネス……）がこの世界に流れ出す出口の役割を果たせるようになってきます。

また、自分が体験している目覚めのプロセスが、本で読んだり他の人から聞いたものと違っていても心配はいりません。また、目覚めの体験が起こって「わかったぞ！」と思ったのに、また夢の中に巻き込まれてしまうような体験、行ったり来たりの体験が起こったとしても大丈夫です。

若いうちから目覚めのプロセスに入った方は、自我の欲求にしたがうべきなのか、目覚めを探求するべきなのか迷うことがあります。そんな方は、旧来型の悟りとは違って、目覚め始めてから「私」という夢を意識的に生きることで、分離の夢（カルマ）を燃やしていく必要があります。日常生活を目覚めのためのワークにするのです。

お金、名誉、異性など、欲しいものをなんでも真剣に求めて下さい。やりたいことは、それが目覚めのプロセスと関係ないように見えても、一生懸命にやって下さい。ただし、できることなら、大いなるもの、沈黙、スペース、スピリットを意識しながらやって下さい。自分はこの心と身体ではないとわかりながら、この心と身体が必要とすることをやって下さい。

ストーリーをストーリーだとわかりながら真剣に演じていくこと。それが私というストーリー、私という夢から本当に抜け出す道へつながっていきます。

4章　道が深まるとき

そんなことどうでもいいのに

腰が痛くなって動けなくなる少し前から、人の話を聞いているときに、いつも自分の心の中で自然に流れてくる不思議な思考がありました。それは「そんなことどうでもいいのに」というような感じの思考でした。

誰かが真剣な話をしているときに、表面上はその話を真剣に聞いていながら、自分の意図とは関係なく「そんなことどうでもいいのに」という言葉が頭の中を流れていくのです。真剣に話をしている相手に悪いなあと思いつつ、自分で考えようとして考えているわけではないので、その思考の流れを止めることもできません。

やがて、それは他の人が話しているときだけでなく、自分が何かを話しているときにも同じように起こってきました。自分が何かを真剣に話しているのに、心の中では「そんなことどうでもいいのに」という思考が同時に流れているのです。

腰が痛くて動けないとき、食欲がなくてどんどん体重が減っているとき、子供の頃から抱えてきたいろんな感情が溢れてきて苦しくなったとき、そのことを妻に話しながら、心の奥では「そんなことどうでもいいのに」と思っているのです。

自分が語っていることの（見かけ上の）真剣さと、心の中を流れていく「そんなことどうでもいいのに」という軽さの矛盾をどう扱っていいのかよくわからずに、居心地が悪い感じがしていたこともあります。でも、いつの頃からか、その感覚も変わってきました。

「そんなことどうでもいい」ということも単なる思考にすぎず、その考えすらどうでもよくて、それほど真剣にとらえる必要もない、ということに気づいたのです。なーんだ、と思いました。

あらゆることを真剣にとらえすぎていた。

この中野真作と呼ばれてきた心と身体に起こっていること、世界の中で起こっていること、そして、悟り、非二元と呼ばれるような考え方、あらゆることを真剣に考えすぎていた。

そう気づいてからは、「どうでもいい」という思考もあまり浮かんでこなくなってきました。

最近、以前から大好きだったことをやっても、以前ほどの高揚感や楽しさを感じなくなっていることに気づきます。一方で、嫌なこと、避けたいようなことが起こったときにも、そのことであれこれ悩んだり、必要以上に引きずったりしなくなってきました。なんだか寂しいような、でも嬉しいような、ちょっと不思議な感覚です。

そんな平板で空しい人生いやだ！　と感じる人は、人生のアップダウンを十分に味わっていいと思います。でも、やがて、どのアップもどのダウンもやってきては去っていくだけだ、ということに気づき始めます。そのアップダウンを体験している私すらそのうち去っていくのです。

すべてのことはただやってきてはそのうち去っていくだけ。

すべてのことは自然に起こっているだけ。

このことを思うとなんだか「せつない」感じがします。


すべての体験は私をこの「せつなさ」へと引き戻してくれる。

すべての体験は目覚めへと、真の癒しと統合へと導いてくれる。

そのことを思い出したとき、人生はとてもシンプルになり、それまで想像もできなかった豊かさ、ありのままの豊かさを感じられるようになります。

身体を風景として見る

腰痛でほとんど動けなくなった2ヶ月間を経験してから1年半以上がすぎ、腰を含めた身体の調子がずいぶん良くなってきました。

以前から「身体を通して悟りを開く」とか「身体を感じることが大切だ」ということを繰り返し話していて、自分でも、できるだけ身体を感じるようにしていたつもりでしたが、今思えばそれは、エネルギー的に感じていただけで、このグロスな身体、目に見え、触れる、この肉体としての身体はどこかおろそかにしていたのです。

今では、筋トレやストレッチ、身体の歪みを矯正する体操などを毎日かかさずやっていて、これらがとても役立っています。

もともと身体がとても固かった（心理的なエネルギーが滞っていた）のですが、最近は一年半前には想像もつかなったくらい可動範囲が広がってきました。とはいっても、普通に身体の柔らかい人から見れば大したことはないのですが。

身体を意識的に動かし始めた最初の頃は、身体を動かすたびに無意識の深い部分から何かが浮上してくる感じがあって、心理的にもちょっと辛い感覚がありました。身体を緩めることで筋肉のこわばりの中にたまっていた否定的なエネルギーが意識にのぼり浄化されていたようです。

生きることに苦しみを感じている方は、心理的感情的なアプローチと合わせて、物理的な身体に直接アプローチする方法も平行して行っていく必要があるでしょう。

とはいえ、私もそんなことは頭では十分理解していたつもりですが、大きなトラブルが起こらないうちはそれを実践に移せなかったのです。

最近ウォーキングも熱心にするようになりました。これも、以前はもっと歩かなきゃ、と思うばかりで、なかなか時間がとれなかったのですが、身体が整ってくると、自然ともっと歩きたくなってくる感じがあります。

歩いていると、「身体を風景として見る」という言葉が私の中で響いてきます。

以前からやっているようにできるだけ身体を感じながら歩いていると、思考が自然と静まってきます。すると、世界の神秘、空性、ありのままの世界が意識の前面に出てきます。この世界はなんて素晴らしいんだろう、なんて素敵な風景なんだろう、という感じがしてきます。

そのときに、この身体の感覚も風景の一部なんだ、ということを「身体を風景として見る」という言葉が思い出させてくれます。

抜けるような青空、どんよりとした雲、アルファルトを濡らす雨、それらを見るのとまったく同じ感覚で、地面に足が当たる感触、胸のあたりにある呼吸する感覚、背中のあたりの汗ばむ感じ、腰のあたりにある微妙な痛みや重さを感じるのです。

青空の驚異を見るのと同じ感覚で、腰の痛みの神秘を感じます。

すべては「私」の前で自然に展開されている。

その感覚は、起こることすべてがありのままで大丈夫なんだという安心感や、どんなことも恩寵として起こっているんだという信頼感と同じものです。

心の平安はどこにある

昨今の社会情勢を見ていると、人生何が起こるかわからないな、と思うことがよくあります。一昨年の私の腰痛も、起こる前にはこんなことが自分に起こるなんて想像もしていなかったし。

それほど大きな出来事でなくても、自分の周り（自分の心と身体も含めて）をよく見てみると、すべてのものは常に変化し続けていて、ずっと同じものは何もないということがわかります。そんな中で何かにしがみついていては、生きることが苦しくなって当たり前だな、とあらためて思いました。

真の心の平安を感じるために必要なことは、何が起こってもそれを起こっているままに、ありのままに受け入れること、人生の不確実性を受け入れること、そのことにつきます。

心が平安でないときにも、それをそのまま、ありのまま受け入れる。

これはスピリチュアルな文脈では、サレンダーする、とか、コントロールを手放す、といった言葉で表現されていることです。

でも、面白いことに、サレンダーしたりコントロールを手放したりするのは、小さな私にできることではないのです。それは、そもそもコントロールするような誰かがいるわけではない、とわかったときに自然に起こります。

この認識のことを昔の誰かが「悟り」という言葉で表現しました。これは特別なことでもなんでもない、ごくごく自然で当たり前の状態を表している言葉です。

というのは、そもそも「小さな私」「世界から分離した存在としての私」がいるわけではなくて、もともと誰も何もしていません。すべては自然に起こっているだけなのです。

これは難しい話のように聞こえるかもしれませんが、自分の頭の中（と思っているところ）に思考が最初に浮かんでくる瞬間を意識できるようになると、誰でも自分の体験として理解できます。思考は何もないところから自然にわき出してきているのです。

それとまったく同じように、自分の（ものだと思っている）感情も行動もすべて自然に起こってきています。それゆえ、誰もがもともと悟っている、と言われるのです。

あなたは自分の本性である悟りを意識できるでしょうか？　どうしてもできないですか？　その「できない」という思考はどこからやってきているのでしょうか。

「で・き・な・い」という言葉の流れはどこで生まれていますか。

生かされている

目覚めのプロセスは死と再生のプロセスとも呼ばれます。それまで「これが自分なんだ」と思い込んでいたさまざまなもの、いわゆるアイデンティティが、どれもこれも一時的なもの、はかないものだと見抜かれて、崩れさっていくプロセスだからです。

このプロセスの中では、実際の死に対して感じるのと同じようなさまざまな複雑な感情が浮かんでくることがあります。死にたくないという抵抗や、死ぬのが怖いという恐れ、どうせ死んでしまうのだからという投げやりな気持ちや空虚感。

でも、このプロセスの中で浮上してくる感覚はどれもとても大切なものばかりです。

最近パソコンのデスクトップに貼付けている次の言葉が私の意識をさらに拡げてくれています。

「病気は常にそれ自身の治癒法とパーソナリティ全体の治癒法を運んでいる。君が症状を自分自身のこととして捉え、その新しい経験、その痛みや恐れ、それに伴うすべてのイメージと共にあるならば、君は、それまでの健康をはるかにしのぐ全体性をもって癒されるだろう。」（アルバート・クラインヒーダー『病とこころ―からだの症状と対話する』Ｐ46、コスモスライブラリー、２００３年）

身体の調子がよくないとき、これから先いったいどうなるんだろう、というような不安が出てきます。このまま死ぬんじゃないだろうかという恐れが出てくることもあります。どうせ死ぬんだから何をやっても意味ないないというような虚しさがやってくることもあります。

それらすべての感情に対して開かれた態度でいること。それらすべての感情をただ起こるまま、感じるままにしておくこと。するとあなたは心理的な死を通過し、あらたな生命として生まれ変わってきます。

「再生」です。

自分がこの身体と心だけに限定された小さな存在だという思い込みから解放されて、本来の自分、大いなるものとしての自分を思い出すのです。

そのとき、自分が自分の力で生きている、という傲慢な思いも消え、ただ生かされていることに気づきます。計り知れないほど神秘的な生命として今ここにいることに気づきます。この身体と心としての人生の中に不思議な安心感が広がっているのに気づきます。

一見否定的に見えるすべての感情、すべての思い、そして、それを引き起こすすべての出来事はあなたをこの認識へと向かわせるとても大切なものです。

そういう意味で、あなたはいつでも絶対に大丈夫なのです。

人目が気にならなくなる

私のこれまでの人生は、いつも人の目を気にして自由にいられなかった感じがします。何をやっても、何もやっていなくても、こんな自分を人はどう思っているだろうか、という無意識の思いがいつもあって、その思いに縛られて身動きが取れなくなっていました。

しっかり自覚されていなかった「身動き取れない感じ」が身体レベルで現れたのが一昨年の腰痛でした。なにしろ、本当に身動きできなくなったわけですから。

その痛みや痛みに付随して浮上してくる感情、感覚をただありのまま感じ、認めていくことで、その「身動きの取れなさ」＝「自分で自分を縛る感覚」がどんどん小さくなってきました。

人目が気にならなくなるプロセスは次のような三つの段階を通して深まっていきます。

1．どうせ人は自分のことなんか見ていない、といい聞かせる。

実際のところ、人は他者をそれほど気にしていませんし、気にするほどの余裕もありません。もし本当に他者を気にしている人がいたら、それはその人自身の問題です。

ですから、もしあなたが人の目が気になってどうしようもない状態ならば、まず自分にこう言い聞かせてみるといいでしょう。「どうせ人は自分のことなんか見ていない」と。

しかし、これは私と私以外という分離が存在しているという夢の中にいるときにだけ必要な言葉です。

2．そもそも自分のことを見ている他者がいるわけではない。自分が気にしているだけなのだ、とわかる。

あなたが人目を気にしてしまうときの、その人の目、他者というのはどこにいるのでしょうか。会社に行ったら隣の席にいますか？　たしかにそう見えるかもしれませんね。

でも、見かけ上「他の人」のように見えている人は本当に「他の」人なのでしょうか。その人が自分自身とは違う何かだと思い込んでいるのは本当なのでしょうか。

少しずつ真実に気づき始めると、すべては私であって、私以外の誰かがいるわけではないのだ、ということが直感的にわかってくるときがあります。そういった情報を聞いたときに、なぜか自分はそれを知っている、という感覚を感じたりすることもあるようです

　ところが、いわゆる「投影」の力はとても強いので、あの人が自分のことを見ているわけではなくて、「あの人が自分のことを見ている」という思考を自分が信じているだけなのだ、ということが直感的にわかっても、感情的にはどうしても気になってしまう、分離の世界に引き戻されて行く、ということが起こります。そんなときには分離の思考にエネルギーを与えている無意識の感情に気づいていく作業が必要です。

　また、他者はいないのだ、と本当にわかってくると、とても寂しくなったり虚しくなったりすることがあります。その感情を避けたくて、また分離の思考を信じてしまうのです。

　でも、寂しさや虚しさを感じるのは、その方向で間違っていないという大切な道しるべです。どんな感情もありのまま感じとってみましょう。

3．他者がいないだけでなく、そもそも人目を気にしている「私」がいるわけではないとわかる。

「あの人は自分のことをどう思っているのだろう」という思考や、その思考にともなうさまざまな感情は起こっては消えていくだけです。それを「私」個人のものだとは思わなくなってきます。実体を持った「私」がいるわけではなく、ただ思考や感情が意識の空間の中を流れていっているだけなのだ、ということが本当にわかってくるのです。

　私も含めて本当は誰もいないのだ、そもそも何もないのだ、とわかってくると、前の段階で感じていた寂しさや虚しさはやがて小さくなっていきます。

　微妙なせつなさのような感覚は残る一方で、安心感、信頼感、満ち足りた感覚が徐々に深まってきます。満たされた空（くう）とでもいうような感じでしょうか。


何もないのだけれど、満ち足りている。

空っぽだけれど、一杯になっている。

すべてがありのままの姿で輝いている。


「ありのまま」「今ここ」という言葉の本当の意味がわかってきます。

そして、ここに書いたようなプロセス、段階といったものも、分離の思考が作り出したストーリーにすぎなかったことを思い出すのです。

人目を気にして苦しんでいたこと自体も夢の中の出来事、あるいは、思考が作り出したまぼろしのようなものだったことを思い出して、深く安心するのです。

半世紀

今年、私は51才になりました。この身体とともに半世紀以上も生きてきたとは信じられない気持ちです。気分としてはまだ30才くらいの感覚なのですが、一昨年の腰痛とその後の体重の急減（10キロ以上減りました）以降、肉体の衰えをとても実感します。

一方で、これからもっと元気になるだろうな、という感覚もあります。

長い間心と身体を緊張させて、自分を抑え、息をひそめて生きてきました。これでは身体も悲鳴をあげて当然だったな、とあらためて思います。

そうなってしまったのは、両親や社会から受け取った無意識のメッセージだと言ってもいいし、それは自分で選んできたのだと言ってもいいのですが、それも、どれもがストーリーにすぎないのだ、ただそうなっていただけなのだ、ということがわかってくるにつれ、理由はどうでもよくなってきました。

ただ、そうやって自分を押し殺して生きてきたこと、これまで人間としての生を十分に楽しめなかったことは、私の中に深い悲しみを生み出していました。その悲しみに触れることも恐れて、さらに心身を緊張させていたわけですが。

腰痛をきっかけに身体に深く意識を向けるようになって、身体が信じられないくらい変わってきています。

感情を閉じ込めることで身体が緊張して姿勢が悪くなる。姿勢が悪くなると疲れやすくなるので、いつもゴロゴロしてしまい筋肉が落ちていく。姿勢を維持する筋肉が弱ると、身体を緊張させることで体勢を維持しなければいけないので、その緊張がますます慢性化する。そんな悪循環に入っていたようです。

いろんなエクササイズを通して必要な筋肉を鍛え、緩めるべきところを緩めてくると、緊張とともに閉じ込められていた感情がとめどなく溢れてきました。自分の中にまだ光が当たってない感情があるな、ということはなんとなく感じていたのですが、これほどまでだったとはちょっと驚くほどです。

腰痛がひどくなって数ヶ月は四六時中そんな感覚に浸っていたのですが、やがて感情の表出は間欠的になってきて、すぎてしまえば「あれ？　なんであんな気持ちになっていたのかな？」と不思議な感じがするようになってきました。そしてまたしばらくすると感情がわき出してくる。

今、その間隔が少しずつ長くなっているような感じです。そして、感情が流れていくにつれて身体がますます緩んで自然な状態に戻っていき、身体が緩めば感情がまた流れていく、そんなプロセスが繰り返し起こっています。

最初のうちはこのプロセスがいつ完全に終わるんだろうか、と考えたりもしていましたが、これもただ起こっているだけなんだ、お天気の移り変わりと同じように宇宙の自然の一部なんだ、ということが理解されるにつれ、そんなことも思わなくなってきました。

こういう仕事をするようになってからも、悟りだとか覚醒だとかいうようなことを人前で語っても大丈夫なんだろうかと思う自分がずっといました。

でも、きっと、どんなことをしていても「こんなことをやってもいいんだろうか」と思っていた気がします。どんな自分でも、そんな自分ではいけないと思っていた。太宰治ではないですが「生まれてきてごめんなさい」の気分ですね。世界に対する信頼感がまったくなかった。

自分と世界が別ものではないこと、私＝あなた＝それそのものなのだということが見えてきて、やっと本当の意味での信頼感、安心感を感じることができるようになってきました。

腰痛を通して身体とのつながりを再確認することで、自分の死があらためて身近になっています。これからあと何年この身体と一緒にいられるかわからないので、もう人目を気にすることはやめて、本当の真実をもっとはっきり伝えていこうと思い始めました。

あなたは自分が思っているものとはまったく違うのです。

あなたはありのままで、そのままで本当に大丈夫なのです。

そう言われても、やっぱりよくわからないよ、と思ってしまう方は、この「目覚めのゲーム」を楽しんでいきましょう。

世界という奇跡

腰の具合がよくなってくるプロセスの中で、こうして身体を持って生きていることは信じられないくらい素晴らしいな、という思いがあらためて深まっています。生きていること、存在していることはなんて不思議なんだろうと思います。

最初の覚醒体験のあと、世界がこうして存在していること、自分がここにこうして存在していることが不思議で不思議でしょうがない、という感覚が強まっている時期がありました。

道行く人をつかまえて「あなたって信じられないくらい不思議な存在なんですよ。わかってますか！」と言いたいくらいの気持ちでした。

同時に、すべての人はいつか必ず死んでしまうんだ、ということも実感して、とても悲しくてせつなくなりました。どうしてみんなそのことを意識しないで平気な顔をして生きていられるんだろう、と不思議な気持ちでした。このことを実感したら、人間同士が争うことはなくなるような気がしました。

聖書やブッダの言葉やバガバッドギーターや、その他あらゆるスピリチュアルな文献で語られている言葉の意味がわかってしまい、自分はいわゆる「神秘主義者」と呼ばれるような人になってしまったんだな、と思いました。

当時の私は人間として生きることがただ苦しくて、それをどうにかしたいという思いに突き動かされて、本を読んだりワークを受けたりさまざまな実践をしていたのですが、今思えば、「世界を不思議に感じる感覚＝彼岸の視点を他者と共有できないこと」にも深い悲しみを感じていました。

それは、「いつも周囲の人と同じであるように」という親からの条件付けを受けていたため、自分が感じることをまったく信頼できなかった、自分自身であることができなかった、ということも関係しているかもしれません。

それから30年近くがすぎ、これほどまでに人間としての自分を痛めつけるプロセスを体験してから、やっと自縛から解放されて、ありのままの自分を表現するパワーを取り戻しつつあります。

それは何か驚くような新しい体験ではなくて、あのとき体験した当たり前の感覚にただ当たり前にいられるようになってくる感じです。

私がここにいてあなたがそこにいるという神秘、世界がこのような姿で展開しているという不思議さ。

そして面白いことに、この感覚を意識すればするほど「本当は私もあなたもいない」「ただそれだけがある」というような言葉で表現されている「何か」のことがわかってくるのです。

それがわかったからといって毎日の生活が劇的に変わるわけではありません。というよりも、何も変える必要はないのだ、とわかる感じでしょうか。すると、必要な変化は自然に起こってくる。

この数年、そういう感覚を分かち合える人との出会いが増えているのがとても心地よい感じがしていました。でも、最近は、そういう感覚を分かち合えない（ような気がする）人との出会いも同じように心地よくなってきています。

それが「わかっている」とか「わかっていない」というのも単なるストーリーにすぎないのです。

「あなた」や「私」というストーリー、「わかっている」とか「わかっていない」というストーリーから抜け出して、ただ、今この瞬間に目の前で起こっている信じられない奇跡とともにいるとき、身体を持ってこの世界の中にいることの意味がわかってきます。

「悟り」の信じられないくらいの普通さについて

「悟り」という言葉で表現されているものはなんら特別なものではありません。ただありのままのものをありのままに見ることです。このことがわかってくるにつれて驚いてしまうのは、私たちは普段ありのままの世界をほとんどまったく見ていないということです。

ありのままの世界というのは思考が作り出す概念、いわゆるストーリーを通していない生（なま）の世界のことです。

もちろん思考もありのままの世界の一部なのですが、その思考すらただの思考とは見ていなくて、さらに思考を重ねて見ています

ありのままの世界が本当にありのまま見え始めると、驚くような体験をすることがあります。世界が輝いて見えたり、大いなる愛に圧倒されたり、激しい感情の解放が起こったり、神や天使が見えたり、とてつもない至福感に襲われたり……。

どれも素晴らしい体験ですが、それは悟りそのものではありません。これらの体験は、それまで自分が「これが世界なんだ」「これが自分なんだ」と思い込んでいた思い込みを緩めていく上では役に立つ体験ですが、それ以上のものではありません。

また、世界と自分に関する思い込みが強い人ほど、つまり、人間としての人生の中で苦しみを多く体験している人ほど、浄化のプロセス、癒しのプロセスの一部として強烈な体験をします。

ときに、それらの体験を悟りそのものと勘違いしてしまうこともありますが、意識の光が私というストーリーの中に浸透していくにつれて、その勘違いも単なるストーリーであることが否応無く見えてきます。


ストーリーが単なるストーリーであることが見えてくると、悟りという言葉も単なる概念でしかないこと

がわかってきます。悟りという概念すらはずして、今ここにあるありのままの世界をありのままに見るとき、あれほどまでに求め続けていたものがいつでも目の前に広がっていたことを理解します。

このなんの変哲もない日常生活の普通さが、同時に信じられない神秘の表現でもあるのです。

悟るためには何もする必要はないのか

最近は非二元の考え方がずいぶん広まっていて、そういった考え方を知った方から次のようなご質問を受けることが増えてきました。


「私たちはもともと悟っているのだから、悟りを得るために何かをする必要はないのでしょうか」

「何かをやっても悟りから離れていくだけなのだから、何もしないほうがいいのでしょうか」

「そもそも何をやっても無駄なのでしょうか」


大いなるものの視点から見れば、悟りのために何もする必要がない、ということはまぎれもない真実です。だって、すべては悟りの表現として、大いなるものの表現として今ここに存在しているのだから。でも、あなたが大いなるものの視点から見ていれば、そもそもこんな質問は生まれてきません。

こんな質問を受けたときには、私は「なんでもしたいことをするように」と答えることが多いです。

瞑想したい、セラピーを受けたい、修行をしたい、ワークショップや講演会に行きたい、というようなことはもちろんのこと、お金を稼ぎたい、有名になりたい、セックスしたい、ただ遊びまくりたい、何もせずに寝ていたい、といったようなことでも、あなたが何かをしたくなる、ということは、大いなるものがそれをしたがっているからなのです。

もちろん、それが人や自分を傷つけたり、犯罪行為になるようなことであれば、できることならやらないほうがいいと思います。目の前にいる人がそんなことをしたい、と言ったら私はそれを止めるでしょう。でも、もしそのことが起こってしまっても、それはその人個人の問題ではない、ということもわかっています。「罪を憎んで人を憎まず」という言葉の本当の意味はここにあるのです。

そもそも何も意味はありません。お金を稼ぐことも、有名になることも、悟りをひらくことも、どれもただストーリーの中で起こっていることで、真のリアリティとは何の関係もありません。

このことが本当に理解されると、何をやっていても何もやっていなくても満たされている感覚が生まれてきます。そして、どんなことでもやりたいことを自由にやっていける感覚が深まってきます。

何もする必要はない、という言葉は「そもそもの初めから誰も何もしていない」「何かをする誰かはどこにもいない」というシンプルな事実をエゴが誤解しているだけです。「悟りのために何かをするのは悟りから離れてしまうのではないだろうか」という言葉を信じて身動きできなくなってしまうことも、エゴがエゴ自体を維持し続けようとする策略の一つなのです。

どうぞ、やりたいことがあるときは、あれこれ考えすぎずに自由にやってみて下さい。あなたはそのために生まれてきています。

あなたはいつでも自由なのです。

否定的な人

いつも周囲の人のことを否定している人がいます。周囲の人の行動をあれこれ批判しては、どうしてあの人はもっとこんなふうに振る舞えないのだろうか、とか、あの人のこんなところがどうしても気にいらない、といった言葉を何度も聞かされます。

そのたびに、どうしてこの人はいつも他者のことを否定するのだろうか、と考えている私がいます。

他者を否定することは自分自身を否定することなのだから、そうやって他者を否定すればするほど自分が苦しくなるのに。どんな人もそのときできる精一杯のことをやっているのだから、そのありのままを否定してもどうしようもないのに。そもそも、どんな人の行為もその人がその人の意思でやっているわけではなくて、ただ自然に起こっているだけなのに。

そんなふうに私の頭の中でぐるぐる思考が回り続けます。

そして、ふと気がつきます。ああ、私もこの人と同じことをしている。周囲のことを否定するこの人を否定している。そんなに人のことを否定しなければいいのに、と考えている。

そのことに気づくと、ちょっとホッとする感覚と、心の奥の何かがチクチクと痛むような感覚が同時に浮上してきます。

すべての否定性は愛を求める叫び。

私の中のまだ癒されていない部分、愛と承認を求めて泣き叫んでいる部分の存在に気づきます。世界の痛み、世界の苦しみは、私の痛み、私の苦しみなんだ、と。

その苦しみを誰のせいにすることなく、「私」の苦しみとして引き受けたとき、「私」と「世界」の分離が消えます。

苦しみは誰の苦しみでもなかったことに気づきます。

今ここにいる感じ

誰もが無意識のうちに今ここを避けています。本当の喜び、本当の幸福、本当の癒しは今ここにしかないのに、そこだけには気づかないように避け続けています。

それは、今ここに戻ってくるということは、これまで「これが自分だ」「これが世界だ」と思い込んでいた思い込みが崩れてしまい、これまでやってきたことはいったい何だったんだ、という思いが出てくるからかもしれません。

また、今ここにいられるようになってくると、未解決になっている過去の痛みに触れざるを得なくなるから、それを恐れている、ということもあるでしょう。

でも、過去の痛みもただありのまま感じとって癒していけば、その「過去」と呼ばれるものすら思考が作り出した単なる物語にしかすぎなかったんだ、ということが見えてきます。「これが自分だ」「これが世界だ」と思っていたものも、同じように思考が作り出した単なる物語にしかすぎなかったんだ、ということが見えてきます。

そういうことが見えてきてから、あらためてこの物語の世界の中に戻ってくると、この物語の素晴らしさをもっと深いレベルで味わうことができるのです。

これは本当に言葉では表現しにくいけれど、どんなにありふれた何気ない日常生活も、瞬間瞬間が信じられない神秘の現れなのです。いきなりその神秘に触れてしまうとびっくりして日常生活がうまくやっていけなくなるので、そうならないように宇宙が守ってくれているのが「人生の苦しみ」「人生の問題」と呼ばれるものなのかもしれません。

そして、やがて探究と呼ばれるゲームが始まり、そのゲームの中では「真実が少しずつ姿をあらわす」という物語が展開していきます。

そして、ゲームのラストでは、その探究すらゲームの一部だったという種明かしがされるのです。

誰でも日常の中で物語のヴェールが一瞬薄れて、神秘に包まれた世界の本質が漏れだしてくる瞬間を体験したことがあるはずです。その感覚をできるだけ意識しながら日常生活を送ってみること。これが、いつでもできる一番大切なワークです。

「自分」という思い込みに飽きるとき

数年くらい前でしょうか、沈黙を味わうこと、沈黙とともにいること、という表現を好んで使っていた時期がありました。

その頃、沈黙に激しく引きずり込まれるような感じがすることがよくあって、その感覚を味わって行くにつれ、思考がどんどん静まって行く感じがしていました。

でも、一方で、思考が静まって行くことがポイントなのではなくて、思考があったとしても、その思考も「それ」そのもの、沈黙そのものの現れであることに気づけばいいのだ、ということも語っていました。でも、最近、ますます思考が静かになっていく感じがして、ちょっと不思議な気分なのです。

この世界のあらゆる「問題」はただの思考であって、思考がなければ問題は何もなく、ただ対処すべき出来事があるだけです。必要以上に考えることなく日々の生活のあれやこれやに対処することができるのです。

ストーリーを作らずに生きていく、とでもいう感覚。

そのためには、思考のすきまを見つけることや思考を観察することは大切です。思考を客観的に見るのが難しいとしたら、感情の解放はとても役に立つでしょう。でも、それらが絶対に必要なことかというと、そんなこともない気がしてきました。

思考を見ることや感情の解放という作業にひかれるものを感じるのであれば、それは今のあなたにとって必要なことですから、ぜひともやってみて下さい。でも、そんなこと面倒だし、どうやっていいのかもよくわからない、と思うのなら、もっと他のやりたいことを一生懸命にやったほうがいいでしょう。

やりたいことをやりたいだけやってみる。やがて、どんなことにも飽きてくるときがきます。飽きるまで十分にやってみること。

すべてのことに飽きてきたとき、「自分」というものが周囲の世界から分離した個別の意思を持つ一人の人間なんだ、という思い込みにも飽きてしまうのかもしれません。

私がいないとき初めて私がいる

人生の後半に入ってこんな感覚が待っていたとは、なんだか不思議な感じがしています。自分はこれまで生きていなかったんじゃないかというような感覚。すごく悲しくて、とても嬉しい感じ。

妻に「これまで自分は生きていなかった」なんていうと、「ちゃんと生きていたじゃない。あんなことも、こんなことも一緒にやったじゃない」と言われます。他の人に話してもだいたい同じようなことを言われるんですよね。

そう言われて記憶をたどってみれば、たしかにそうです。そのとき、そのときに悩みながら、いろんなことをやってきました。子供の頃、学生時代、会社員時代、会社を辞めて次の人生を模索していた頃、そしてセラピストとしての活動。その間多くの人たちと関わり、互いに影響を与え合っていたはずです。

それなのに、今振り返ってみると、そこには自分が全然いなかったような感覚があるのです。

ジム・ドリーヴァーの本のタイトル「あなたのストーリーを棄てなさい。あなたの人生が始まる。」、この感覚がとてもよくわかります。

最近感じている「自分はこれまで生きていなかった」という感覚は心理学的な意味での「自我がしっかり形成されていなかった」ということとは少し違うのではないかな、という感じがしてきました。

そもそも自我というのはもともと砂上の楼閣のようなもので、リアルには存在していない、思い込みの寄せ集め、ストーリーの集合体のようなものです。

もし「しっかりした自我」と思われるようなものがあるとしたら、それは、空（くう）としての（神としての、スピリットとしての、大いなるものとしての……）自分の本性にできるだけフタをして見ないようにした上で、「分離した私」という強固な思い込みを作っているだけなのです。

その思い込みが本当の意味で緩み始めている人が増えています。多くの場合、そのプロセスはある種の空虚感や孤独感、不安定さを伴います。自分がおかしくなってきたのではないか、と感じる場合もあるようです。それは何かがおかしくなったわけではなく、ただ本当の姿を思い出し始めているだけなのです。

その先には、この肉体を持って生まれてきた意味を満たしていくような意義深い感覚が確かにあります。何かになったり、何かをやったりすることとは関係なく、ただ何でもないものとして存在する、とでもいうような感覚。

そのとき初めて、自分の人生をしっかり生きているという感覚を感じられるのです。

私がいないとき初めて私がいます。

５章　傷ついた探求者たちへ

抜け出していく感覚

一昨年、腰痛がひどくなって動けなくなる少し前から「抜け出していく」ような不思議な感覚がありました。脱皮していくような、繭から出ていくような、新しい世界に生まれ出てくるような感覚。

１９８８年頃に起こった最初の覚醒体験のときにも「あらためて生まれた」とでもいうような感覚があったのですが、体感的にはそれとは随分違う感じもあります。本当に何かの中から外へ向けて抜け出ていくような身体的な感覚を深くともなっていたのが印象的でした。

以前の私は、「自分」という感覚がとても貧弱で、周囲のことばかり気にして、いつも無意識のうちに人の愛をがむしゃらに求めていました。

自分がないわけですから本当の意味で人とつながることもできず、心の奥では絶望的な孤独感を抱えているのに、その孤独感をも心の奥に閉じ込めたまま、思考が作り出した「こうあるべき自分」を演じることで、かろうじて周囲の世界とつながっているふりをしていたのです。

自分の本当の気持ちを閉じ込めておくには、心と身体をいつも緊張させておく必要があって、それにはものすごいエネルギーを使いますから、いつも疲れやすくて身体の調子も悪かった。あの状態のままだったら私はもう生きていないだろうな、とよく思います。

本当の愛、本当の人とのつながりを知らずに苦しんでいる私に、宇宙が真実をチラリとかいま見せてくれたのが、23才のときの体験だったのでしょう。人の愛を実感する前に宇宙の愛、大いなる愛を瞬間的に教えてくれたのです。

誰もが求めている「真実」というものが確かにあるんだ、ありのままに存在していてもいいという感覚が確かにあるんだ、ということを直感的に知ることができたので、その後の人間としての癒しのプロセスを、苦しみながらも道に迷うことなく進めていけました。

今、初めて自分が自分でいてもいいんだ、という実感を得られつつあります。子どもの頃から無意識に与えられてきた「自分であってはいけない」というメッセージからやっと解放されてきました。

目覚めや悟りについて自分が本当に感じていることを語ることすら、何かいけないことをしているような感覚をいつも感じていました。その感覚もなくなりつつあります。

ちょっと恥ずかしいのですが、最近になってやっと、人と人とのつながりというものがあるんだな、ということを実感しました。人間同士の愛情というものが本当にあるんだ、ということがわかりました。やっと人間になれた感じがします。

ただ、私の場合、それは、私もあなたも本当は神なんだ、大いなるものそのものなんだ、という実感があったからこそ、今になってやっと感じられるようになったのです。

人間になる前に神であることを思い出してしまった。でも、そのおかげでやっと、人間として生きるということはこういうことなのか、ということがわかった感じです。

自分＝人間とだけ思い込んで生きる時期を失ってしまったのはとても悲しいです。腰が痛くなってからひたすら泣いていたのは、この悲しみも含まれていたのではないかと思います。

でも、それもまたストーリーです。それがこの「中野真作」と呼ばれている心と身体のストーリーなら、そのストーリーを潔く受け入れて、宇宙がこの心と身体を通してやらせようとしていることにもっと協力してみてもいいかな、と思うようになってきました。

ほんとに不思議なことなのですが、多くの人は自分が神であることを忘れて、自分＝一人の人間だと思い込んで生きています。自分という存在がどれほど不思議なものなのか、驚異的な神秘なのかを忘れてしまって生きているのです。それでは生きることが苦しくなって当然です。

でも、苦しみがある、ということは、そこに自分と世界に関する根本的な勘違い、思い込みがあるということを教えてくれる大切なメッセージです。自分の本質を思い出せば生きる感覚は大きく変わります。

もちろん、私自身の体験やセラピストとしての立場から言えば、目覚めればすぐに楽になる、とうかつには言えません。でも、光はすべての人に同じように降り注いでいます。というよりも、あなたが光そのものなのです。

それに気づくためにできることはたくさんあります。焦らず、あきらめず、ゆっくりと進んで下さい。

根本的な正直さ

今振り返ると一昨年の腰痛以前の生活が夢のようです。「真実を知った私」というアイデンティティにしがみつくことで、「私＝真実そのものなのだ」という本当の真実に気づかないようにしていました。真実の中に溶けてしまうことを恐れていました。

最近時間があるので、以前読んだ本を拾い読みしながら読み返すことがよくあるのですが、アジャシャンティの言う「根本的な正直さ」「完全に誠実であること」といった言葉があらためて身にしみています。

私はものすごく寂しかったのです。愛を求めながらも、それは自分にはふさわしくないものだと思い込み、絶望的な袋小路におちいっていた。ブログに文章を書くことや人前で話をすることも「こんな私を見て」「こんな私でも大丈夫だって認めて」という気持ちが無意識の原動力になっていた気がします。

本当に必要なのは他者に認めてもらうことではなくて、自分自身を認めることだったのに。

でも、本当の自分の気持ちを認められないことも、また意味があることです。自分の痛みをありのまま認めていくということは、自分という感覚が緩んでいくことにつながり、その先には本当の真実に気づいていく道が開かれています。悟ってしまうわけです人生の「問題」（のように見えるもの）は、世界の真実、自分の本当の姿に突然気づいてびっくりしないように、宇宙が与えてくれた防御壁のようなものなのだとわかりました。でも、いつか準備ができて、それまで自分を守ってくれた壁は必要なくなるときがきます。そのときがきたら、ただそれを手放すこと。

今、自分という感覚が深い部分から変化しています。何かから抜け出していくような感じ、繭から出ていくような感覚。

新たに生まれ出たものを育てていくために、腰の痛みがこのゆったりとした時間を与えてくれたのだな、と思います。

妻をはじめとする身近な人たち、深いご縁をいただいた人たちとのんびり時間を過ごす中で、以前とはまったく違う自己感覚、大いなるものにしっかりと根付いた私、大いなるエネルギーの出口としての私、というような感覚が育ちつつあるのです。

目覚めは何ごとも除外しない

腰が痛くなってしばらく思うように動けなかったとき、それでもこうして生きているということはとてつもなく素晴らしいことだな、と思いました。自由に動けなくても、なんとかトイレには行けるし、食欲がないながらもご飯を食べることもできる。もっと身体が動かなくなったとしても、それでもわずかでもできることがあれば、その素晴らしさを感じられるだろう、と。

最初の一瞥体験のあと、生きているということはそれだけでとんでもなく素晴らしく神秘的なことなのに、どうしてみんなそのことを意識していないんだろう、と不思議に思っていました。

自分もあの人も、明日死んでしまうかもしれないのに、どうしてそのことを意識しながら他の人たちと関わっていないんだろう、そうすればみんなもっと人に優しくなれるはずなのに。

世界全体が輝いて見え、存在しているということだけでとんでもなくすごいことなのに、どうしてそれ以上の何かを求めてしまうんだろう、とも思いました。

宇宙飛行士が宇宙から戻ってくると意識が変わってしまうことがある、というのはこういう感じなのだな、とわかりました。

皆がこの感覚を取り戻せば世界は平和になるのに。そんなことすら考えていた記憶があります。

そうかといって、何度も書いているように、その体験をした私がすぐに永続的な心の平安を得たわけではありません。これで自分は助かった、という感覚を感じる一方で、その体験をしてしまったがゆえに感じる周囲との疎外感にも苦しみ始めました。

多くの人が気づいていない何かに気づいてしまったのに、同時に人間としての自分は深く傷つき苦しみ続けている。そのアンバランスさ、矛盾した感覚をうまく受け止め切れなかったのです。

そのプロセスの中では「目覚めた私」というアイデンティティにしがみつくことで、なんとか自分を支えてきた時期もありました。いわゆるスピリチュアルな抜け道です。今、そのあたりのプロセスがまったく新しい次元に入ってきた感覚があります。

一つには、目覚めた意識の中に少しずつ落ち着いていられるようになったことで、そもそも「他者」というものはいないんだ、ということが本当に腑に落ちてきたこと。そのおかげで、本当の意味で自分自身でいられる感覚が深まってきたこと。

もう一つには、この身体が歳をとってきて、そして今回の腰痛を通して、人間としての自分はいつか必ず死ぬんだ、ということを以前よりも深く実感するようになったこと。普通の言葉で言えば、どうせ死ぬんだからそんなに人目を気にしてどうするの、という気分になってきたこと。

そんな感覚を背景にして、エネルギーがより自由に流れ、またいっそう楽になってきたようです。感じることを以前よりも自由に表現できるようになってきた感覚もあります。

こういった感覚を体験するために、もし今あなたにできることがあるとしたら、それは前にも書いたように「根本的な正直さ」です。

何らかの目覚めの体験をし、拡大した意識を体験した自分がいる（あるいはそんな体験はないけれど、目覚めたと言っている人はたくさんいるし、自分も悟れるに違いない、という考えにしがみついている自分がいる）ということを認める一方で、悩み苦しみ、怒りや悲しみや嫉妬や絶望といった人間的感情にどっぷりととらわれている自分もいるということも素直に認めること。

存在しているだけで素晴らしいのだということを認めると同時に、傷つき苦しんでいる自分がいることも認め、必要な手当を行っていくということ。

　今この瞬間、自分の中で動いているすべてのエネルギー、すべての感情の存在をありのまま認めること。

　スピリチュアルな考え、非二元的な考えは、今まで知らなかった新しい視点を与えてくれることで、それだけでずいぶん楽になることがあります。例えば「行為者はいないのだから、自分がやったことをそれほど後悔する必要はない」など。

　一方で、自分の行為がいわゆる「悟った人」が期待される（と思い込んでいる）ものと違うと、それがまた新たな苦しみを生むこともあります。

　あらゆる思考、あらゆる考え方、あらゆる教えは、単なる一つの考え方、ストーリーにしかすぎなくて、真実そのものではないとわかったとき、あなたはもともと真実の海に浸っていたことを思い出します。あなたが真実そのものであったことを思い出します。

　非二元的な考え方すら単なる一つのストーリーだとわかったとき、非二元という言葉の本当の意味を理解します。

　目覚めは何ごとも除外しません。

　どんなにちっぽけで苦しみにあふれていると思っているあなたすら、ありのまま許してくれるのです。

「あなたは絶対に大丈夫」の二つの意味

最近私は「あなたは絶対に大丈夫」という言葉をよく使います。無意識に使っているときには気づいていなかったのですが、この言葉には二つの意味があることに気づきました。

一つは、いわゆる非二元的な意味です。

今どんなに苦しくても、本当のあなたは苦しんでいる心でもなく身体でもなく、もっともっと大きな何かなんだ、ということ。その苦しみや痛みがやってきては去っていく空間そのものなのだ、ということ。そして、さらに言えば、苦しみも痛みも、その空間も含めたすべてなのだ、ということ。

だから、今どんな苦しみがあるとしても、そのままで完全に大丈夫なのだ、ということです。

でも、そんなことを言われても、今苦しいのは確かだし、一体どうしたらいいの？　そのままで完全と言われても、この苦しみはどうなるの？　と思うかもしれません。

そこで、「絶対に大丈夫」のもう一つの意味です。

私のこれまで20数年間の体験からも、そして真の癒しと目覚めのプロセスをくぐり抜けてきた多くの人たちの本を読んだり話を聞いたりした経験からも言えることは、人間は信じられないくらい変化していくことができるということです。これは本当に「信じられない」くらいなので、信じたくないかもしれません。

前にも書いた「悟ってしまう恐れ」とも関連していますが、自我は、それが多少苦しいものであっても、

「これが自分だ」と思い込んでいる自分のアイデンティティを手放したくないのです。真の変容のプロセスの中では慣れ親しんだ「自分」というアイデンティティが揺らぎ始め、一時的に不安や恐れを感じる時期があるからです。

でも、そのプロセスをしっかりと通過していくと、それこそ信じられないギフトがその先に待っています。

純粋な非二元的観点から言えば、こうして未来に何かの期待を持たせるような言い方は分離を強めることになってしまうのかもしれません。それでも、一人の人間として長い間苦しみの中でのたうちまわってきた私としては、苦しんでいるあなたにこんなふうに言いたいのです。

今どんなに苦しくても、あなたは、今のあなたには想像もできないくらい変化していくことができる。

だから絶対に大丈夫。

大いなるものを命綱に

なんだかこの50年分のさび落としをやっている感じです。

意識の光が存在の深い部分に届けば届くほど、これまで見ないようにしていた感情が浮かんできます。圧倒されるような感覚はなくなってきたけれど、まだまだいろんなものがにじみ出るように出てきます。そして、そのたびに、存在の感覚が落ち着いてきます。世界の中にいるという感覚、そして、世界として在るという感覚。

どれほど寂しかったのかな、とあらためて思います。

人とのつながりをがむしゃらに求めながら、でも、親との間にもそんなつながりを感じたことがなかったので、人とのつながりというものがどんなものかもわからなかったし、そもそも、自分が自分として存在してはいけないという無意識のメッセージを信じ込んでいたので、つながろうにもつながる「私」すらいませんでした。

自分がありのままでいてもいいという承認＝母性的な愛情を無意識に世界に求めていました。でも、それはそうそういつでも与えられるものではないわけで、そのことでさらに悲しんだり怒ったりしていました。もちろん、そう感じているということすら気づかずに。

それらの感情を封じ込めるために、さらに心身を緊張させ、表向きは「一瞥体験をして悟った私」というアイデンティティに同一化していたのです。

でも、私にとって20代の一瞥の体験は人間としての命をつないでいく、とても大切なものでした。それを命綱のようにしてこれまで生きてきた、といっても過言ではありません。

人との関係で感じられなかった愛（＝ありのままの自分で存在していてもいいという承認）を、大いなるものから直接感じ取ることができたからです。

20代のとても寂しかった頃、大きな木の幹に抱きついて、そのエネルギーを感じたことがありました。本当は誰かに抱きしめてほしかったのだと思います。

子どもの頃に十分な愛情を感じられなかった人ほど、大いなるもの、空そのものに本当に触れ始めると、とても恐ろしい何か、空虚で空っぽな何かのような感じることがあります。本当は満たされた空、愛そのものなのに。

自我（この世界を生きていく仮のインターフェイス）がしっかりしていれば、大いなるもの、空（くう）の体感を目に見える世界に比較的統合しやすいのではないかと思います。

十分な愛情を感じられずに、自我が未成熟のまま大いなるものに触れてしまった人は、大いなるものに触れることで感じられる「ありのままでいてもいいんだ」という感覚を少しずつ感じとり、それを道しるべにしながら、閉じ込めていた感情に光をあて、自我を安定させていくというプロセスを、恐る恐る、少しずつ少しずつ、進めていく必要があります。

少しやってはちょっと一休みし、「私」がしっかりしてきたら、また少し深く潜り、怖くなったらまたちょっと一休み。そんなプロセスが必要です。すると、この世界の中での人間関係も信じられないくらい変わっていきます。

一人でやっていくのが大変だと感じたら、心理的なセラピーは役に立ちます。できれば、非二元的な認識を持っているセラピストがいいですが、そうでなくても、起こることをありのままに見つめていくという真摯な姿勢を持っているセラピストなら力になるはずです。

最近、ずいぶん若い方から「悟りたいんです。どうしたらいいですか」と聞かれることがあります。悟りなんて考えるよりは、若い頃は他のやりたいことを一生懸命やったほうがいいよ、と答えることもあります。悟りが何かわかったとしても、その後にやり残したことをやらないといけなくなるかもしれません。

でも、若くして悟りの探求以外には興味がなくなっている人もいるようです。それなら覚悟を決めて、探求の道を歩んでいくしかありません。

そのために大切なことは、大いなるものを意識しながら日常生活をしっかり生きていくこと、日々の生活そのものを探求の場にすることです。

エピローグ

「私はいない」の先へ

最近、「私はいない」「誰も何もしていない」ということを特に強調する非二元の原理的なメッセージが流行しています。

「私はいない」というのは「色即是空（しきそくぜくう）　空即是色（くうそくぜしき）」という言葉の前半部分、「色即是空」の部分を強調した表現です。

「色即是空」。目に見えるものは本当はすべて空っぽである。

でも、その後半がまだ残っています。

「空即是色」。その空っぽさが信じられないくらいの多様性を持ったこの世界、私やあなたがいるこの世界として現れている。

「私はいない」というのは、もともとはある種の秘教的なメッセージ、つまり、準備ができた人だけに人づてにひっそりと伝えられる特別なメッセージでした。ところが、今のインターネット社会では誰でもが簡単にアクセスできるようになりました。これにはよい面もあるし、多少問題になる面もあります。

この言葉を聞いて安心できる人がいる、というのはよい面でしょう。苦しみながら頑張って人生を生きてきた人が「そんなに頑張る必要はなかったんだ」と気づいて楽になるかもしれません。

一方で、この言葉を聞くことで「何をやっても無駄なんだ、そもそもできることは何もないし、なるようにしかならないんだから」というニヒリズムに陥ってしまうこともあるようです。

また、「私はいない」という言葉にしがみつくことで、人間としての痛みに向き合うことを無意識に避けてしまうこともあります。そうすることで、真の癒し、真の覚醒への道を自ら閉ざしてしまう可能性もあるのです。

とはいっても、現代社会の中で情報の拡散を制限するわけにもいきません。今、こうした、ある種究極のメッセージが広く知れ渡り、それを聞いてさまざまな人がいろんな体験をしているということは、真の覚醒の時代が近づいているということの現れなのかもしれません。

そんな世界の中で各自ができることは、「私はいない」ということを知識として知った上で、その時々に自分の内面に起こることをできるだけありのまま味わいながら、個としての、人間としての「私」を十分に生きることです。

言葉としては矛盾しますが、個としての私を十分に生きることを通して、個別の私がいるという感覚が自然に手放されるときがくるのです。

やがて「私はいない」も単なるストーリーだとわかってきます。ただ、あるものだけがある、ということがわかってきます。言葉上の矛盾が矛盾でなくなる感覚があるのです。

「私はいない」が実感として理解された後も、人間としての生はまだまだ続きます。

「私はいない」がわかったあと、「私はいない」というメッセージを直接伝え始める人もいるでしょう。人生がまったく変わってしまう人もいるかもしれません。

でも多くの人はそれがわかる前にやっていたことと同じことをやっていきます。私はセラピーをやっていくだろうし、会社勤めをする人もいれば、家庭の主婦として生きていく人もいる。ただ、その存在の質はまったく変わっているでしょう。そこには「苦しみ」がないのです。

そして、その理解の進化（深化）のプロセスは終わりなく続きます。今自分がいる場所で、空（くう）を色（しき）の世界に表現するという修行が続くのです。


すべては空だとわかりながら、その空の現れとしての人生を生きていく。

空を体感して色の世界に戻ってくる。

色即是空　空即是色。

ただ、ありのままに。

ありのままを避けることが苦しみを生み出す

この世界はある種の夢のようなものです。そのことに本当に気づくと生きることは信じられないくらい楽になってきます。

目に見える世界は空っぽで、あなたも私も本当はいないのです。色即是空。

でも、それだけではありません。この世界は空っぽであると同時に、せつないほどリアルで、喜びや悲しみ、痛みや苦しみに満ちています。

そのことを深く感じるようになると、生きる感覚は驚くほど豊かになってきます。なんでもない一瞬一瞬が信じられない神秘に包まれ、深く満たされていることに気づきます。

空っぽさが、この目に見える世界、あなたや私という現象となって現れているのです。空即是色。

私とは本当はこの身体と心のことではないとわかりながら（色即是空）、この限りある命を大切に生きているという感覚（空即是色）。

目覚めた人生とはそんな感覚なのかもしれません。

では、どうしたらそんな感覚を感じられるのか。

もしできることがあるとしたら、多くの方にとって最初に必要なことは、ありのままを感じること。起こることをただ起こっているままにしておくこと。

感情がわきおこってきたら、それがわきおこってくることを許すこと。身体のエネルギーそのものとして感じ取ること。

ほとんどの人はありのままの自分を感じることを許していません。もちろん、許していないこともありのままで、何の問題もありません。

でも、もし人生の中に苦しみを感じたり、何かが違うという感覚を感じているとしたら、自分のありのままを感じることへの抵抗があるということです。

ありのままを感じることに対する抵抗感が「分離感（私という実体が周囲の世界から分離して存在しているという幻想）」＝「苦しみ」を生み出しているということに気づくと、ありのままを感じることへと自然に意識が向いていきます。

今、人生の豊かさを感じられていないからといって心配する必要はありません。あなたはそもそも最初からその豊かさの中にいます。その豊かさそのものと言ってもいいのです。

でも、多くの場合、その豊かさ、そのせつなさに突然触れてしまうのは、まぶしすぎる光をいきなり浴びるときのように、耐えられないことがあるのです。

存在の光はあなたの周囲にいつも満ちあふれています。今こうして私の本を読んで下さっているあなたは、その光に少しずつ開かれています。やがて自分自身が光そのものだというシンプルな事実を思い出します。

ただ起こってくることとともにいて下さい。

あなたのままでいて下さい。

悟りと解放

悟りと解放はまったく別ものなのだな、ということを最近あらためて感じています。

「悟り」「解放」という言葉をどんな意味で使っているのかは人によってずいぶん違うようですが、ここでは以下のような意味で使うことにします。

悟り＝すべては「それ」だとわかる。自分＝世界だとわかる。私はいないとわかる。

解放＝苦しみが終わる。

このことをあらためて書こうと思ったのは、最近よく「探求が終わった」という言葉を聞くようになり、いろいろと思うところがあったからです。

以前は、探求が終わるってどういうことなのだろう、そもそも終わりってあるのかな、と思っていました。

最初の一瞥体験のあと、何回か大きな体験があって、そのたびに「これで私は悟ったんだ」というような思考が出てくることがありました。

でも、当然のことですが、しばらく時間がたつとその体験は終わり、そのときに感じた高揚感や至福感は消えていき、やっぱりまだ悟っていなかったんだ、という思考がやってきて、がっかりしてしまいました。

やがて、悟りとはある特定の体験のことではない、という言葉の意味が本当にわかってきました。特定の何かを指しているのではなくて、すべてにもともとから浸透しているる何か、存在しているということの本質とでもいうべき何か。

あらゆる体験が「それ」の表現であり、世界の中に存在するすべてのものが「それ」そのものである、ということが実感とともにわかってきました。ああそうか、悟りという言葉で言われていたのは、このことだったんだ、とわかってきたのです。

私の場合は10年くらい前からこの感覚が少しずつ浸透してきました。探求が終わる、という言葉の意味がわかった気がしました。

でも、今思うのは、目覚めの探求、スピリチュアルな探求が終わったところから始まる真の解放のプロセスというものがあるのだ、ということです。

それは「悟った自分」「探求が終わった自分」「すべてはそれだとわかった自分」を手放していくプロセス、真の自我の死のプロセス、自分という夢から本当に覚めていくプロセスです。

それはまた、日々の何気ない暮らしの中で真実を生きていく、真実として生きていくプロセス。身近な人たちとの関係の中で真実をこの世界の中に表現していく作業、と言ってもいいでしょう。

肉体がある限り、このプロセスには終わりがありません。

このプロセスの中で大切なことは、ただあるものをあると認めること、完全に受け入れること、抵抗しないこと、です。

とはいえ、抵抗しないということは自我にできることではありません。抵抗したりしなかったりできる自分がいる、と思っていること自体が抵抗の現れなのですから。

自我の死のプロセスを通過して分離の感覚が終わったとき、抵抗しないという言葉の本当の意味が自然とわかります。なので、無理に抵抗しないようにする必要はありません。頑張って受け入れようとしなくてもいいのです。

大切なのは、ただ気づいておくこと、何をやっても、やらないようにしても、それは抵抗なのだとわかっておくこと。

何をやってもだめなんだ、どうしたってそこには行けないんだ、という思いが起こっても、それにも抵抗しないようにしてみます。

そして、あるとき、ふと気がつきます。そもそも解放される誰かなんてどこにもいなかったのだと。

あなたはそもそもの最初から解放されていたのです。

特別なことは何もないし、すべてが特別です。

悟った人はいないし、悟ってない人もいません。

すべてがただありのままに流れていきます。

自己否定の終わり

ずっと自己否定の中にいたんだな、と最近あらためて思います。自己否定が生み出す苦しみの中でもがいていた。

それは、ただ自分で自分を否定しているのだから、それをやめればいいだけなのにやめられなかった。自己否定が本当に終わるのは、そもそも自己否定する自分なんていなかったのだとわかってからです。

自分はいないのに自己否定。なんだかジョークのようです。

でも、自分のありのままの姿、世界のありのままの姿を本当に認めるのはかなり難しいです。

「物事のあるがままの姿をそのまま受け止めると大洪水になってしまうので、大半の人は恐れおののきます。」（吉福伸逸『世界の中にありながら世界に属さない』P28、サンガ、２０１５年）

分離した私というものは実体としては存在していないのだ、私はいないのだ、という真実を突然見てしまうことには耐えられないので、それを少しずつ時間をかけて受け入れていくために、仮の「分離した私」という感覚があるのでしょう。

一瞥の体験をし、自分という感覚が緩み始めてくると、真の探求の道、統合の道が始まります。それまでは自分でないものとして否定し、外の世界に投影していたものを自分自身に引き戻す作業。怒りや悲しみ、不安や恐れ、セクシャリティなど、無意識に否定していたさまざまなエネルギーを自分自身のものとして取り戻していく作業。

個人的な無意識＝この肉体を持って生まれてきてから以降に抑圧されてきた感情やエネルギーを取り戻していく作業は、もちろん簡単ではないけれど、分離した自分という感覚をまだ保ったままできる作業です。

でも、それだけではありません。その作業が深まっていくと、いわゆる集合無意識的な領域、神話的な領域へと分け入っていきます。それは、人間の意識が誕生してからずっと積み重ねられてきた人類全体に共通する無意識の領域。

すべての人間が同じように体験する、誕生や死、母性や父性、そして多くの人間が体験してきたであろうさまざまな人生の苦しみ（大切な人との別れ、飢餓や戦争）、さらには自然に対する畏敬の念など、人間存在のおおもとにある意識の枠組みのようなもの。

そんな集合無意識的な領域に触れ始めると、分離した自分という感覚が本当に緩み始め、自我の視点から見るとさまざまな驚くべき体験が起こる時期があって、ちょっとびびってしまいます。それは本当に洪水のように感じられるときがあって、それに溺れそうになりながらも今までなんとか通過してきた感じがします。

今、悟りや覚醒が多くの人によって語られていますが、それって一瞥しただけじゃないの？　というささやきが私の心の中を流れていくことがありました。どこかで、そんなに軽々しく覚醒が語られることを否定していたのです。私は気が狂いそうになる体験を何度もしてきたのに、そんなに軽々しく悟りだなんだっていわないでよ、って。でも、ふと気づいたのです。それも他者を否定すること＝自己否定だったな、と。

本当に悟った私と一瞥しただけでまだ悟ってはいないあの人、という分離を作ることで、自分のありのまの姿、残っている痛みに触れることをまだ避けようとしていたのです。

このことに気づいたら、一段と力が抜けてきました。大切なことは、分離を作り出している自分に気づいておく、ということです。

言葉で強調されることは自分自身に必要なメッセージ。

少し前に「悟った人も悟ってない人もいない」、「悟りも非二元も単なるストーリー」ということを強調していた時期がありましたが、これも私自身に必要なメッセージだったのです。

プロセスとしての悟り

最近「50才になるまで生きていなかった感じがする」ということについて話すことがよくあります。すると、それはいったいどういう感じなのか、と尋ねられます。

まず浮かんでくる言葉は「開いていく感じ」です。心が開いていく、ハートが開いていく、魂が開いていく。何かが内側から外側に向かって開かれていく感じ。閉ざされていたものが広がっていく感じ。その途中では大きな流れ、奔流のようなものに巻き込まれ、翻弄される感じがあります。

腰痛がひどくからなってからしばらくの間、それまで長いこと閉じ込めていた怒りや悲しみやセクシャリティなどが突然解放され、その流れに翻弄されていました。それが少しずつおだやかな流れになってきました。

目覚めのプロセスが深まり始めると、多くの場合、個人的な無意識の領域（今生肉体を持って生まれてきてから体験した情報が蓄えられている領域）をある程度通過したあとに集合的な無意識の領域（すべての人類に共通している領域）に触れていきます。そこは本当に分離の夢が緩み始める領域。時に狂気を感じるような領域。

でも、私の場合は、個人的無意識の領域にしっかり触れるよりもずいぶん前の20代の頃に、かなりの程度集合無意識的、神話的な領域に触れる体験をしていました。上部のチャクラが先に開いてしまって、下部のチャクラが後から開いた、と言ってもいいでしょう。そういう意味で、これまではずいぶんバランスが悪かったように感じます。

でも、そういう体験にはよかった面もあります。

多くの人にとって自己探求の最初の課題は、閉じ込めていた感情に触れ、解放し癒していくことなのですが、このプロセスを真摯に歩み始めると、最初のうちは怒りや悲しみなどいわゆる否定的で見たくないものばかりが出てきます。一時的に苦しさが増し、うまくいってないのではないだろうか、なにかが間違っているのではないだろうかと思い、探求を最初からあきらめてしまう人もいるようなのです。

私の場合は、その奥にある光を一瞬だけ見せてもらっていたので、どんなに苦しくなってもその方向で大丈夫なんだということがわかっていました。

ブロック崩しの一番下のブロックだけ先に外されていたような感じ、と言ったら近いかもしれません。だからちょっとした衝撃で上の部分も崩れやすくなっていたのでしょう。

とはいっても、普通だったら一番下が外されればその上もすぐに全部崩れそうなものです。

ここは最近よくお話するところですが、分離の夢が終わってしまうことへの不安、悟ってしまう恐れのようなものがあるのです。しかも、この恐れや不安は、子どもの頃に十分な愛情を感じることで、世界への信頼感をある程度育んでいない人ほど大きくなります。そのため、一番下のブロックが外されているのにもかかわらず、身体にがっちりと力をいれて空中につり下げられたような感じで頑張っていました。

今やっと、本当はそんなことをする必要はないんだ、ということが実感できてきました。存在そのものに降参するしかなくなって来たようです。

一瞥の体験は時に悟りそのものと勘違いされることがあり、あまりそれにこだわらないように、という言い方もされます。

それはその通りなのですが、一方で、その後長く続いていく真の目覚めのプロセス（すべてに対して開かれていくプロセス、存在そのものに対して開かれていくプロセス）を導いてくれる大切な道しるべでもあります。

真の悟りというのははたどり着くべき終着点のことではなく、永遠に続くプロセスそのもの、この開かれ続けていくプロセスそのものなのです。

ここまでのまとめとこれから

ずいぶん長い旅を続けてきたような気がします。一方で、どこにも行っていないし、何も起こっていないという感覚もあります。

若い頃に感じていた、ただ生きているだけで苦しい、という感覚がやってくることはほとんどなくなりました。でも、心の奥に残っている寂しさや虚しさが浮上してくることはまだときどきあります。それらをただ味わって手放していくと、そのたびに自分という感覚が広がっていく、存在そのものに溶け込んでいくようです。

「私」という夢が終わっていくのはせつない感じもしますが、同時に、本来の場所に戻っていく安心感も感じられます。「私」という夢が終わって初めて、本当の自分になれる感覚。

でも、実際はその場所から離れることすらできないのです。離れたという夢を見ていただけで。

必要なことがあるとしたら、その夢を夢だとわかることだけです。夢だとわかっても、夢が消えてなくなるわけではありません。夢だとわかりながら夢を意識的に生きていくとき、この人生を十分に味わうことができます。

この本ではずいぶん偉そうなことも書いてきましたが、人間としての私はまだまだ傷ついた子どもの部分をたくさん持っている弱い存在です。今後も、すべては夢だとわかりながら、自分を癒していく作業が続いていくでしょう。

私固有の人生の課題も多く残されています。身体の健康を保っていくことや地域社会との関わりなど、これまで苦手だった分野にしっかり向き合っていく必要がありそうです。

今後も、私の体験と気づきを分かち合いながら、この世界という舞台の上に私なりのペースで意識の光を拡げていきたいと思います。

皆さんの旅が実り多きものになりますように。

Q&A

Q　根本的な変容が始まっているようで少し怖いです。友達とも疎遠になり、昔から興味があったことに関心がなくなってきました。私はおかしくなっているのでしょうか。

A　真の目覚めが深まっていくと、古い自分が死んで新しい自分に生まれ変わるプロセスが進行していきます。「死と再生のプロセス」です。

思い込みが単なる思い込みにすぎなかったことに気づき始めると、同じ思い込みでつながっていた人間関係は自然と終わっていきます。マインドは自然と静まってきますから、マインドの騒々しさから一時的に解放されるために必要だったさまざまな刺激物へ興味は自然と落ちてきます。

そのプロセスの途中では、古いものは終わりつつあるのにまだ新しい世界には安定していられない、中途半端な時期があります。その時期が一番辛いのです。

今あなたはとても大切な時期を過ごしています。頭がおかしくなったわけではありませんから安心して下さい。自分の直感を信頼して、自分が本当にやりたいことをやって下さい。内側で起こる感覚をありのまま味わって下さい。

やがて新しい世界へ安定していられるときがやってきます。新しい人間関係が自然とできてきます。あなたは生まれ変わるのです。

Q 日常生活を普通に送りながら深い変容を体験していくのはとても辛いです。

A 今あなたは人生最大の仕事をしています。

毎日たくさんの電車が発着している大きな駅を建て替えているのをイメージして下さい。電車の運行の妨げにならないように、駅を利用する人がケガをしたりしないように、綿密に計算しながら足場を組んだり、仮の通路を作ったりして少しずつ少しずつ建て替えを進めていきます。膨大なエネルギーと時間が必要です。

今これとまったく同じことをやっているのです。

この深い変容のプロセスの最中には、以前と同じように振る舞うのが難しいときもあります。変容のプロセスが進んでいるときには内的なエネルギーをたくさん使いますから、外の世界に向けるエネルギーが足りなくなるのです。

そんなときはやるべきことをできるだけ減らして、何もしない時間を作って下さい。自分にやさしくする時間を作って下さい。どれだけ時間がかかっても、建て替えが終わるときは必ずきます。

Q 理由もないのに虚しくなるときがあります。

A 虚しさは目覚めのプロセスの中ではとても大切なものです。死と再生のプロセスの中で、私という夢、分離の夢が終わっていくときに虚しさを感じます。

もしできれば、何かをすることでその虚しさを埋めるのではなくて、ただ感じ取るようにして下さい。「虚しい」という言葉をはずして、身体感覚で味わってみて下さい。すると、あなたの中の何かが死んで生まれ変わります。新たな段階へと抜け出すような感覚が生まれます。

虚しさもやって来ては去っていく一つのエネルギーにすぎません。虚しさも大いなるものの一部、光の一部です。

目覚めのプロセスの中では虚しさがやってくることが周期的にやってきます。そのたびにあなたは少しずつ生まれ変わっていくのです。

Q　いつも人から責められているような感じがします。

A　誰かから責められていると感じるときは、あなたがあなた自身を責めているときです。そうすることで分離の夢をますます強めているのです。

とはいっても、そうしている自分をまた責める必要はありません。それは自分がやろうとしてやっているわけではなく、過去に受けた条件付けから無意識にやっているだけなのです。自分で自分を責めているのだ、ということに気づくだけでいいです。自分を責めていることをただ意識してみて下さい。それだけで意識の光が当たって、感覚が変化してきます。

そして、もしできることなら、あなたの心の奥に残ったままになっている過去の傷とそれにともなって抑圧された感情（怒りや悲しみ）を解放する作業を行って下さい。すると、分離の夢が本当に終わり、そもそも自分を責める他者などいなかったのだ、ということがわかります。すべてはあなた自身なのです。

また、少し別の視点から見れば、誰かがあなたに否定的な言動をするのは、その人が自分自身を責めていることの表現であって、あなたとは何の関係もありません。その人の言動を気にしないようにしてみましょう。

Q　急に孤独感が大きくなって寂しくなるときがあります。家族も友達もいるのにどうしてなのでしょうか。

A　目覚めのプロセスの中では孤独感が大きくなって戸惑うことが何度もあります。

まず、プロセスが深まり始める頃には、過去の心の傷が浮上してきて、それを癒す作業が自然と起こることがあります。心のスペース、心の受容力が多くなってきて、やっと過去の痛みを受け止めることができるようになるからです。

そのため、子どもの頃に感じていた孤独感や寂しさをあらためて感じるのです。

さらに深まってくると、本当は誰もいないのだ、ということがわかってきて孤独感を感じるときがあります。

自分を責める他者は存在していないのだ、と気づいて楽になる一方で、自分を愛してくれるあの人も自分が思っているような形で存在しているわけではなかったのだ、ある意味では自分の投影にすぎなかったのだ、ということがわかってきます。

どんなに深い愛でつながった他者がいるとしても、人は一人で生まれて来て一人で死んでいくという、存在そのものに由来する根源的な孤独感があります。本当は誰もいないのだ、という根源的な寂しさがあります。

どんな感覚もただありのまま感じとって下さい。言葉を外して身体感覚を通して味わって下さい。それもまたすぎ去ります。

やがて、すべては私なんだ、もともとすべては一つなんだ、という安心感がやってきます。

Q　人を愛することが大切だといわれますがどうしてもできないのです。

A　スピリチュアルな教えの中には人を愛することと、人に優しくすることを教えるものがたくさんあります。もちろん、それは大切なことですが、人を愛せない自分を責める必要はありません。

さまざまなスピリチュアルな教えの中にある人生訓のようなものは、本当の自分に目覚めたとき、私という夢から覚めたときに自然とそうなることを書いているものです。ですから今そうできない自分を責める必要はありません。そのことで自分を責めるとますます分離を強めてしまいます。これはエゴが分離の感覚を維持しようとする策略の一つです。

今はまだ人を愛そうとしても愛せないとしたら、あなたは自分で気づいている以上に深く傷ついています。まずは自分自身をありのまま愛する作業を深めて下さい。あなたが自分を愛する感覚がわかってきたとき、自然と他者を愛しています。他者とはあなた自身のことだからです。

※参考　「自分を愛する」ということ（p101）

Q　目覚めに関心を持ち始めたら今の仕事に興味がなくなってきました。仕事を辞めてもっと探求にエネルギーを向けたいのですが、お金のことも心配です。

A 人生のある時期、そういった思いを持つ方は多いです。

まずは、ものごとをあまり急激に変えないようにして下さい。今の仕事を辞めるのはもう少し待って、仕事のやり方、仕事との関わり方を変えるようにしてみて下さい。

日々の生活の中で気になる出来事や人間関係はすべてあなたの中のまだ光が届いていない部分を見せてくれるものですから、それをしっかり見つめていくことで、毎日の生活の一瞬一瞬を目覚めのワークにすることができます。仕事の中で、どんな人が気になるのか、どんな出来事がいやなのかをよく見て、そのときの感覚をありのまま味わって下さい。

今いる場所でやるべきことが本当に終わったら、そこから自然と離れるときがやってきます。そのときにはお金の心配も消えています。

Q 人生いかに生きるべきなのか悩んでいます

A できることなら「べきか」という思考から離れて、したいと感じることを何でもやって下さい。何をやっても何かが違う、と感じ始めたら、もう一度最初からこの本を読んでみて下さい。

目覚めるというのは「いかに『人生いかに生きるべきか』ということを考えずに生きるか」ということでもあります。すべてのことは流れの中で自然に起こって来ているのだ、ということが実感されたとき、何をすべきかと考える必要がなくなるのです。

Q いろんな矛盾する教えがあって、どれを信じ

ていいのかわかりません

A 人間の意識の発達には段階があって、それぞれの段階に応じて違う情報が必要なので、一見すると互いに矛盾する教えが存在しています。あなたの心に響く教えを「利用」して下さい。教えは道具であり、一つのストーリーにしかすぎません。

一つの段階を通過したら、その段階で役立った教え（道具）は手放して下さい。やがてすべての教えが必要なくなるときがきます。何かを信じる必要がなくなります。そのとき、導きはあなたの内側からやってきます。

Q 前世はあるのですか？

A もっとも深い視点からみれば、そもそも輪転生する個人はいないのですから前世もありません。しかし、セラピストとして長年活動してきた私の視点から言うと、確かに前世としか言いようのないイメージを思い出し、それによって生きることが楽になる人は少なからずいます。

前世が本当にあるのかどうかを証明することはできませんが、これも前の質問と同じように、それが役に立つのなら十分に利用すればいい、一つのストーリーだと考えてみてはどうでしょうか。

Q インナーチャイルドはどうですか？

A かつて私は、インナーチャイルド（心の中の傷ついた子ども）はリアルだけれど、前世は単なるストーリーだと思っていたことがあります。しかし、気づきが深まるにつれ、インナーチャイルドも前世と同じように一つのストーリーだとわかりました。どちらも今この瞬間には自分の頭の中の思考としてしか存在していないからです。

抑圧された感情に触れていくためのきっかけとしてインナーチャイルドというストーリーが有効であれば、それを十分利用して下さい。ただし、それが単なるストーリーにしかすぎないということは忘れないようにしておきましょう。

Q　私は何の問題もない家庭で幸せな子供時代を過ごしました。インナーチャイルドや無意識の心の傷と言われても何のことかよくわからないのですが。

A　本当に幸せな子供時代を過ごしたのなら、今は何の問題もありません。人生を十分に楽しんで下さい。あなたが真の自己探求へ踏み出すのはもう少し歳を取ってからでしょう。

ただ、何の問題もない家庭だったと考えているということは、実際にはとても大きな問題を抱えている家庭だった可能性があります。暴力や虐待がある場合は問題がわかりやすいですが、見かけ上平穏な家庭であっても大切な何かが欠けていることがあります。必要なものが完全に欠けていた場合、それが欠けているということがわからないのです。

もしこの文章を読んで何か気になる感覚を感じたら、その感覚を大切にしておいて下さい。いつの日か、あなたの心の扉を開ける鍵になるかもしれません。

Q　一瞥体験をしました。すべてがわかったように感じます。私は悟ったのでしょうか。

A　おめでとうございます。あなたは「自己探求」という名の人生最大の仕事のスタート地点に立ちました。

そう、一瞥体験というのはスタート地点にしかすぎません。そんな体験が起こったときには、その感覚をよく味わって楽しんで下さい。不安や恐れや絶望や苦しみが起こったときにも、同じように味わって楽しんで下さい。どんな体験もやってきては去っていきます。

やがて、私とはやってきては去っていく何かのことではない、ということがわかってきます。そのとき、あなたの人生の中に新たな質が流れ込んできます。

Q　私には一瞥体験と言えるような体験はありません。

A　一見はっとするような大きな体験が起こるのは、それまでエネルギーの抑圧が強かったからであって、そういった体験が必ずしも必要なわけではありません。真の変容はもっと微妙な変化としてやってきます。何かが浸透していくような感覚、どこかに引き込まれていくような感覚。

どうしても、自分には何かが足りないのではないか、という感覚があるのなら、その感覚そのものをありのまま味わってみて下さい。その感覚を感じることを許してみて下さい。

あなたはもともとから光そのものです。すべてに気づいている気づきそのものなのです。

Q　本当に思考が止まっている時間が増えてきています。心配ごとがなくなって安心感が大きくなる一方で、頭がおかしくなったのではないかと不安になるときもあります。

A　思考が静まってくると、エゴは、自分が死んでしまうのではないか、という不安を感じ、抵抗し始めます。本当は「私」はいないのだ、ということに気づきたくないのです。

頭がおかしくなったのではないか、という心配もエゴがエゴ自身を維持しようとする策略の一つです。でも、エゴ（分離した私がいるという感覚）も夢の一部であって実体のあるものではありません。

心配はいりませんから、沈黙からやってくる安心感に身をまかせて味わって下さい。不安がやってきたときは、「ふ・あ・ん」という言葉（ストーリー）を外して、その感覚そのものを味わって下さい。その感覚を感じることを許して下さい。それもまたすぎ去ります。

Q　中野さんの話を聞いていると目覚めのプロセスにはずいぶん長い時間がかかりそうです。私のこのプロセスはいったいいつまで続くのでしょうか。

A　私の場合は自我を育てていくプロセスと大いなるものへの気づきを深めていくプロセスが同時進行していたので、その点でもずいぶん長い時間がかかりました。でも、世界全体の覚醒へ向かうエネルギーが高まっている今、真の癒しと目覚めのプロセスを体験している方は、私ほどの時間は必要ないのではないかと思います。

私自身の体験、本から得た情報、これまで関わってきた多くの方々の体験などから判断すると、ある一つの意識段階から次の意識段階へと完全に移行するには、そのプロセスがある程度順調に進んで4、5年ほどかかるようです。

しかし、もっとも深いリアリティに触れたときには、時間もストーリーにすぎないことがわかりますから、どれほど時間がかかったかは気にならなくなっています。

Q　苦しいときはどうしたらいいですか。

A　苦しみは思考にとらわれることで本当の自分を忘れてしまうことが原因です。言葉を外して（ストーリーを外して）そのときに起こる感覚だけを身体を通して感じて下さい。考えることをできるだけやめて、感じてみて下さい。

どんな気持ちもどんな感覚もやってきては去っていきます。苦しみも、自分でそれにしがみつかなければ長く続くことはありません。「これもまた過ぎ去る」という言葉を思い出して下さい。

Q　私は自分が思う通りの人生を生きています。それなのになぜか辛いのです。

A　本当に思う通りに生きている人は「自分は思う通りに生きている」とは考えません。何かが言葉で強調されるのは、本当はそうではないのに、自分でそう思い込もうとしているときです。
あなたの内面にはまだ自分でも気づいていない心の痛みが多く残っています。意識の光が届いていない部分がたくさんあるのです。

まずは今自分が本当は何を感じているのか、ということに意識を向けるようにして下さい。どんなときにも身体の感覚を意識しておくことはとても役に立ちます。

Q　いつも身体に力が入っていて緊張がどうしても取れません。

A　身体の緊張は心の痛みを見ないようにする無意識の反応です。自分でも気づかないうちに身体を緊張させ、自然のエネルギーの流れを押しとどめることで、見たくない感情に触れないようにしているのです。それがあまりにひどくなると病気になります。

無意識にやっていることはやめようと思ってもやめられませんから、ただ力を抜こうと思ってもなかなか抜けません。身体に力が入っていることに気づいたら、まず一度、もっと意識して力を入れてみて下さい。意識的にもっと緊張させてみて下さい。5秒くらい力を入れてから抜く、ということ何度か繰り返して下さい。

無意識にやっていることを自分で意識的にやってみると、変化が起こりやすくなります。

Q　人目が気になります。

A　人の言動を気にする必要はありません。それはその人がその人の意思でやっているわけではなく、過去の条件付けによって自然に反応しているだけです。雨が降ったり風が吹いたりするのと同じように、宇宙の自然な流れの一部です。自分に起こる反応も同じです。世界で起こることや、それを見て感じる自分の反応を気にしないようにしてみましょう。

それでも、どうしても気になるとしたら、それはあなたが自分自身を否定していることの現れです。自分でも気づいていない感情に光を当て、自分自身をありのまま認める作業をして下さい。気にしていた「人の目」は自分の中にあったのだとわかります。気にすべき他者は存在していなかったのです。

Q　死ぬのがこわいです。

A　「悟り」＝「『私』という夢から覚めること」は心理的に死ぬことです。自我＝世界から分離した私という感覚が単なるストーリーにすぎないとわかることです。

目覚めのプロセスが深まっていくと死が近づいているときと同じような恐れを感じることがあります。死が怖くなるのは、あなたはまだ意識していないかもしれませんが、あなたの内面で真の目覚めが始まっていることの現れなのです。

そもそも、死は自我の死しかありません。自我の死のプロセス、「私」という夢から覚めるプロセスをしっかり通過すると、通常の意味での死、肉体の死は怖くなくなります。ある意味ではもう死んでいるからです。

もう少し普通の言葉で言えば、悟りのプロセスは死へ向けての準備です。人生後半の最大の仕事と言ってもいいでしょう。

Q　皆が芝居を演じているような気がして、不思

議な気分になることがあります。

A この世界はある意味では映画を見ているようなものです。映像と音だけでなく、匂いや身体の感覚まである超立体映画です。

普段は映画のスクリーンの上に映し出されている映像（や音、匂いなどの感覚）の中に完全に入り込んでしまい、それをリアルな現実だと思い込んでしまっていますが、あるときふと、そこに本当にあるのは真っ白なスクリーンだけなのだ、ということに気づくときがあります。現実だと思っていたのは、スクリーンの上に投影されていた光のきらめきにすぎなかったのだ、とわかるときがあります。今あなたはそんな感覚を体験しています。

その感覚を追い求める必要はありませんが、そんな感覚がやってきたときには、それを味わって楽しんで下さい。人生から深刻さが消えるかもしれません。

Q 目覚めたら感情がなくなり、人生の楽しみもなくなってしまうのではないかと心配です。

A それは自我の視点から見た心配なので、その思考を信じる必要はありません。

実際には、目覚めると感情をより深く十分に感じられるようになります。感情と自分が一つになるからです。

二元性（分離の感覚）にもとづいた楽しみ（獲得や喪失）はなくなります。そのかわり、存在していることそのものに由来する喜び、心の状態がどうあるかに関わりなく感じられる静かな平安に気づきます。

そのとき初めて人間としての生を十分に深く

生きられるのです。

Q　神はいるのですか?

A　多くの人がイメージしている神（白いあごひげを生やした何でも知っている賢い老人、悪いことをしたら怒られる権威者、など）は自分の無意識の投影にすぎません。それも単なるストーリーです。

本来、「神」というのは、意識、気づき、存在、それ、などという言葉が指しているものと同じ、この世界を作っているたった一つの何かを表現している言葉です。

ということは、あなたが見ているもの、聞いているもの、感じているものはすべて神です。あなた自身もそうです。

Q　スピリチュアルという言葉でさまざまなことが語られています。私はいない、引き寄せの法則、前世、インナーチャイルドから、死後の世界、天使、宇宙人まで。いったいスピリチュアルとは何なのですか?

A　本来「スピリチュアル」は、私という夢から覚めること、ストーリーをストーリーだと見抜くこと、思考から抜け出すことに関連する言葉です。しかし、現在では私という夢をいかによくするのか、ということに関してもスピリチュアルという言葉が多く使われているようです。

とはいっても、これは悪いことではないでしょう。突然夢から覚めてしまうのは自我にとっては衝撃が大きすぎるので、自分が見ている夢とは違う夢もあるのだと気づくことによって思い込みを少しずつ緩めているのです。

また、一見オカルト的なことまでスピリチュアルという言葉で扱われているのも、真実をいきなり受け止めるのは難しいので、この世的なものを超えた存在に人間の意識を慣らしていくための宇宙のはからいなのではないかと思っています。

Q　自由意志はあるのでしょうか、それともすべてはもともと決まっているのですか？　すべてがもともと決まっているのなら、自分で何かをやろうとするのは無駄なのではないでしょうか。

A　自由意志はある、と言ってもいいし、すべてはもともと決まっていると言ってもいいです。その二つは同じことです。

自分の意思という形で宇宙の意思が表現されています。あなたは自分の意思でなんでもやりたいことを自由にやることができます。それがもともとそうなるはずだった宇宙の意思の表現なのです。

自由意志があるのか、ないのか、という疑問も思考が作り出したストーリーです。そのことがわかり始めると、その疑問自体が浮かんでこなくなります。ただそうなっているだけなのだ、という言葉の意味がわかります。

Q　すべてはストーリーなら人生に意味や目的はあるのですか？

A　ある視点（彼岸の視点）から見れば世界には何の意味もありません。何も起こっていないし、そもそも何もありません（色即是空）。別の視点（此岸の視点）から見れば信じられないほど豊かで貴重なこの世界があります（空即是色）。

彼岸の視点から見れば私はいないし、そもそも誰もいません。関わるべき他者はいないので、人間「関係」というものはありません。此岸の視点から見れば、私がいて、あなたがいて、その間にさまざまな関わりが生まれ、人生を彩ってくれます。

彼岸の視点だけにとらわれてしまうと、何をやっても意味はないのだ、というような虚無感にとらわれてしまったり、周囲の世界から浮いてしまって、日常生活が困難になってしまうかもしれません。一方、此岸の視点だけにとらわれてしまうと、生きることはあまりにも苦しくなってしまいます。

片方の視点にとらわれることなく、両方の視点を自由に行きできるようになること、「私」とは単なる夢、単なるストーリーだとわかりながら、私を意識的に生きていくことが大切です。

そのときあなたは、結果を考えすぎることなくやりたいことを自由にやれるようになっています。罪悪感を感じることなく人生を楽しめるようになっています。

一見矛盾する二つの視点が矛盾でなくなること、二つの視点が統合される感覚、これが「中庸」という言葉の意味です。

そして、ここまでのことが理解されたとき、あなたは次のような言葉が意味することを実感しているはずです。

今ここが目的。
生きていることそのものが目的。
今やっていることが目的。
目的は何もない。
ただそうなっている。

つねにこれでいい。

Q　ストーリーにはまっている人、私という夢に閉じ込められて苦しんでいる人をどうしたら助けることができますか？

A　まずはあなた自身が私という夢から抜け出して、すべてはストーリーなのだと気づくことが大切です。その上で、その人のストーリーを単なるストーリーだとして切り捨ててしまうのではなく、大切に扱ってあげて下さい。

ストーリーの中で苦しんでいる人は自分のストーリーをありのまま認めることができていません。ストーリーとしての自分が本当に大切にされている、愛されていると実感したとき、ストーリーの奥に閉じ込められている感情に気づくスペースが生まれます。すると、ストーリーから抜け出す道が見えてくるのです。

その人と一緒にいるときに、世界の空性、あるいは内的な沈黙に気づいておきましょう。それが難しいときは、エクササイズで紹介しているインナーボディの感覚に気づいておきます。そのときあなたは自分をありのまま愛していま す。すると、その人もありのまま愛されているという安心感を得るのです。

Q　目覚めるということがどういうことなのか、本当にわかってきました。身近な人にもわかってほしいのですが、どうしたらいいですか。

A　気づきが深まってくると、周囲の人にも同じように気づいてほしい、という気持ちが大きくなってくるときがあります。でも、そんなときは注意が必要です。それはまだ自分の気づきがしっかりと定着していないということ、まだどこかに疑いの気持ちがあることの現れです。

その段階では、覚醒のプロセスに理解があって、あなたの体験に本当に興味のある人以外にはあなたの気づきをむやみに話さないほうがいいです。

あなたの気づきが定着してきたら、それを必要とする人が自然と現れます。また、それについてわざわざ話をしなくても、あなたの存在自体が周囲の人たちの助けになるのです。

Q　中野さんはすべてがわかっているのですか。

A　いえ、何もわかりません。何もわからないということがわかっただけです。

この世界のことはすべて理解を超えた信じられないほどの神秘です。そのことが実感できるようになると、わからなくても大丈夫という安心感が生まれてきます。

わからないことをわからないままにしておきましょう。

わからないことの中に安らいでいましょう。

Q　すべてがストーリーならこの本に書かれていることも単なるストーリーなのではないですか?

A　その通りです。このことが本当に腑に落ちたとき、この本は必要なくなります。本を閉じて、この「世界」というゲームを存分に楽しみまし

よう。「私」という夢を十分に生きましょう

自分でできるエクササイズ

「私」という夢から覚めれば何かが変わるらしい、ということはわかったけれど、ではどうしたらいいの？　と思っている方のために、私のお話会や個人セッションで皆さんに最初にお伝えしている、自分でできる簡単なエクササイズをまとめました。ご自分の中で響くものがあるもの、ピンとくる感覚があるものを普段の生活の中に取り入れて下さい。

ここで紹介しているエクササイズは内面の深い部分を揺り動かす可能性もあります。もし不安や恐れを感じたり、気分が悪くなったりしたときは、無理をしないでエクササイズを中止して下さい。

自分でできる技法をもっとを知りたい方は、巻末の参考図書の「自分でできるエクササイズ・瞑想法」で紹介している本を読んでみて下さい。

■インナーボディを意識するエクササイズ

お話会や個人セッションなどで最初に皆さんにお伝えするエクササイズです。最初は一般的な瞑想と同じように一人で静かな時間に行うことをお勧めします。慣れてくると、日々の生活の中で何をしながらでもインナーボディ（内側のエネルギーの感覚）を感じられるようになります。生活そのものが瞑想になります。

★ステップ1　一番感じやすい両手の先にインナーボディの感覚を感じる

座っても、寝てもいいですから、楽な姿勢になってゆったりと呼吸をします。

まず、両手の先を意識してみます。両手の先のあたりに、ジーンとするような、チリチリとするような微妙な感覚を感じることができるでしょうか。ゆったりと楽に呼吸をしながら、その感覚にただ意識を向けておきます。

頭の中の考えに気を取られていることに気づいたら、すぐに両手の感覚そのものに意識を戻します。しばらくの間、両手のそのジーンとする感覚そのものを感じておきます。

★ステップ2　インナーボディの感覚を身体の複数の場所で同時に感じる

今度は、身体の他の部分に同じようなジーンとする感覚、チリチリとする感覚がないかを感じてみます。頭のてっぺんや足の先など、身体の先端部分は感じやすいかもしれません。

両手の先の感覚を意識したまま、「同時に」他の部分の感覚も意識してみます。ゆったりと楽に呼吸をしながら、それらの感覚にただ意識を向けておきます。

頭の中の考えに気を取られていることに気づいたら、すぐに両手と頭や両足のジーンとする感覚そのものに意識を戻します。

しばらくの間、両手の感覚と頭や両足にあるジーンとする感覚そのものを「同時に」感じておきます。

★ステップ3　インナーボディの感覚を身体全体で感じる

両手や、頭の先、足の先にあるジーンとする感覚が、身体全体に広がっていくのをイメージしてみます。感覚が直接感じられる人は、その感覚を身体全体で感じとって下さい。うまく感じられない人はイメージするだけでもいいです。

自分の身体全体がジーンと微妙に振動しているような、細かいヴァイブレーションのフィールドになっている感覚を感じてみます。身体全体が一つのエネルギーの場になって、細かく振動しているのを感じてみます。

★ステップ4　宇宙全体を一つのエネルギーとして感じる

身体の内側全体で振動している微妙なエネルギーが身体の表面（皮膚）を超えて広がっていくのをイメージしてみます。

今あなたのいる部屋全体に広がり、
今あなたのいる町全体に広がり、
今あなたのいる国全体に広がり、
地球全体に広がり、
ついには、宇宙全体にまで広がっていく。
そんな様子をイメージしてみます。
宇宙全体が一つのエネルギーであって、「自分」というのはこのエネルギーそのもののこと、存在の感覚そのもののことである、ということを意識してみます。

★ステップ5　インナーボディを感じながら日常を生きる

このジーンとするエネルギーの感覚を意識したまま、ゆっくりと目を開けて周囲の世界を見渡してみましょう。宇宙全体、あるいは身体全体の感覚を感じられないときは、少なくとも両手の先にあるジーンとする感覚だけは意識しておきます。

目を開けた瞬間にジーンとするエネルギーの感覚から意識が離れてしまうことがあるので、それに気づいたら、意識をエネルギーの感覚に戻します。

次は、その感覚を意識したまま何か言葉を発してみましょう。声を出した瞬間にエネルギーの感覚から離れてしまうことがあるので、それに気づいたら、意識をエネルギーの感覚に戻します。

日常生活の中で、何をしているときにも、意識の一部をこのジーンとするエネルギーの感覚、少なくとも両手の先にあるジーンとする感覚に向けておくことを心掛けてみて下さい。この感覚を普段の生活の中で何度も思い出してみて下さい。それだけで意識が深い部分から変化していきます。

■自分の本質に気づく

私たちは通常、感覚の対象物にばかり意識が向いていて、感覚の主体を意識することはあまりありません。例えば、何かに触っているときに、触っているものは意識しているけれど、触っている手を意識することはあまりありません。これは、感覚の主体のほうに意識を向けるエクササイズです。

まず、手で何かを触ってみて下さい。何かがあなたの手に触れている感覚があります。柔らかい感じ、あたたかい感じ、ゴツゴツとした感じ、冷たい感じ、など、いろんな感覚が感じられます。

では何も触っていないとき、あなたの手にはどんな感じがあるでしょうか。手そのものの感覚がそこにあるはずです。

何も触っていないときの手そのものの感覚を意識してみましょう。

読者カード

青山ライフ出版の本をご購入いただき、どうもありがとうございます。

●本書の書名

●ご購入店は

・本書を購入された動機をお聞かせください

・最近読んで面白かった本は何ですか

・ご関心のあるジャンルをお聞かせください

・新刊案内、自費出版の案内、キャンペーン情報などをお知らせする青山ライフ出版のメール案内を（希望する／希望しない）

★ご希望の方は下記欄に、メールアドレスを必ずご記入ください

・将来、ご自身で本を出すことを（考えている／考えていない）

（ふりがな） お名前	
郵便番号	ご住所
電話	
E メール	

・ご記入いただいた個人情報は、返信・連絡・新刊の案内、ご希望された方へのメール案内配信以外には、いかなる目的にも使用しません。

郵便はがき

108－0014

恐縮ですが、
切手を貼って
お出しください

東京都港区芝５丁目１３番１１
第２二葉ビル４０１

青山ライフ出版
読者カード係　行

通信欄

ご意見・ご感想などお寄せください。小社ウェブサイト（http://aoyamalife.co.jp）で紹介させていただく場合がございます。あらかじめご了承ください。

次に、何かを食べているときのことを思い出してみて下さい。実際に何かを口に入れてみるといいかもしれません。

いろんな味を感じます。甘さ、辛さ、酸っぱさ、苦さ……。熱さや冷たさ、また、いろんな舌触りも感じるでしょう。

では、口の中に何も入っていないとき、口の中そのもの、舌そのものにはどんな感じがあるでしょうか。口そのものの感覚、舌そのものの感覚がそこにあります。

何も口に入っていないときの、口の中そのもの、舌そのものの感覚を意識してみましょう。


さて、あなたの心の中にはいろんな考えが浮かんでは消えています。この本はおもしろいなあ（難しいなあ、つまらないなあ……）、今夜何食べようかな、あの人はどうしてあんなことを言ったのだろうか……。

今起こっていることを実況中継していたり、すでに起こったことをあれこれ悔やんだり、これから起こるかもしれないことを心配したり……。いろんな考えが心の中を流れています。

では、心の中に何の考えもないとき、そこにはどんな感じがあるでしょうか。心そのもの、その中で考えが浮かんできては消えていく心の空間そのものの感じがあります。

心の中に何の考えも浮かんでいないときの、心そのものの感覚を意識してみましょう。そこにはいったい何があるでしょうか。

それについて考えないようにして、ただその感覚を意識して下さい。ほっとする感じ、空っぽな感じ、満たされた感じ、不安な感じ。どんな感覚があっても大丈夫ですから、ただその感覚を味わって下さい。

そして、その感覚が浮かんでいる心の空間を意識して下さい。

そのときあなたはすべての存在の一番奥にある「空（くう）」そのものを感じています。

意識そのものを感じています。

あなたの本質そのものを感じています。

■沈黙と仲良くする

内的な沈黙に気づくようにします。口から何もしゃべっていないという意味の沈黙だけでなく、心の中に何の言葉も流れていない状態、内側が静まっている状態、内的な沈黙の状態が起こったとき、ただそれに気づいています。意識的に沈黙しておきます。

それにどんな意味があるのだろう、とか、こうしていると何が起こるのだろう、といった思考や期待をできるだけ手放して、ただ沈黙の状態としています。

■存在の音（ナーダ音）を聞く

心の奥にいつも響いている存在の音、沈黙の音、宇宙の音に意識を向けて下さい。ジャーン、ジーン、シャーン、チーン、キーン、というような感じで、ときとして耳鳴りと勘違いしてしまうような音です。

この音が聞こえているときは思考が静まっています。沈黙を直接意識するのが難しいときは、この音に意識を向けておきます。

■死と仲良くする

いつでも死を忘れないようにします。愛するあの人も、大嫌いなあの人も、そして自分自身も、数十年後には誰もいなくなっていることを忘れないようにします。

自分が今まさに死につつあるのをイメージしてみます。病気でも事故でもいいですから、今まさにこの肉体が働きを止めようとしている様子を細かいところまでイメージしてみて、そのとき感じることをありのまま味わってみます。

一緒に暮らしている人がいる方は、毎日夜寝る前に、その人と永久のお別れをしましょう。「今生であなたに出会えて本当によかったです。ありがとうございました」と。そのときに感じる感覚をよく味わってみましょう。また、二人でその感覚について話し合ってみましょう。

■夢日記

夢は無意識からのメッセージです。自分の内側のまだ光が届いていない部分を教えてくれます。枕元にノートを置いて、目が覚めたときに夢を記録してみましょう。夢は意識を向けると活発になり、さまざまなことを伝えてくれます。

いきなり書こうとすると忘れてしまうことがあるので、目が覚めてしばらくは心の中でその夢をはんすうしてみます。そのとき感じる感覚をよく味わってみます。

それほど詳しく書く必要はありません。登場人物や大きな流れだけでもいいです。

夢で大切なのは、それを分析することよりも、それを見たとき、また、あとで思い出したときにどんな気持ちを感じるか、ということです。夢を見たとき、そして、夢日記を読み返したときに動く感情、エネルギーをありのまま味わって下さい。夢が運んでくるメッセージを深い部分で受け取ることができます。変容のきっかけになります。

本文中にもいくつかエクササイズをご紹介しています。次の文章も参考にして下さい。

◆私とは誰か（P71）
◆「自分を愛する」ということ（P101）
◆二元性のベールをはがす（P129）

苦しいときに読むためのまとめ

あなたは苦しんでいるその心と身体だけの存在ではない。もっともっと大きな何か。

苦しくなったときは、思考（ストーリー）から離れて身体の感覚をありのまま感じる。

あなたのことを責める他者は存在していない。自分が自分を責めているだけ。

あなたはなんでもやりたいことをやっていい。できれば、身体を感じながら。

あなたの意思が宇宙の意思。あなたがやりたくなることは宇宙がそれを必要としていること。

起こることをありのまま受け入れる。受け入れられないときは、抵抗していることにただ気づく。

身体の緊張に気づいたら、一度力を入れてから緩める。

死にたくなるときは、深い変容が起こりつつあるとき。

人は信じられないくらい変わっていける。
生きることを真剣に考えすぎない。
考えないで感じる。
すべては夢。
誰もいないし、何も起こっていない。
世界の神秘に気づいておく。
生きることを楽しんでもいい。
それもまた過ぎ去る。
あなたは絶対に大丈夫。

参考図書

■まず何か読んでみたい方へ

『さとりをひらくと人生はシンプルで楽になる』エックハルト・トール、飯田史彦監修、あさりみちこ訳、徳間書店、2002年

『ニュー・アース―意識が変わる　世界が変わる』エックハルト・トール、吉田利子訳、サンマーク出版、2008年

『無境界』ケン・ウィルバー、吉福伸逸訳、平河出版社、1986年

『今、目覚める―覚醒のためのガイドブック』ステファン・ボディアン、高橋たまみ訳、ナチュラルスピリット、2015年

(『過去にも未来にもとらわれない生き方』ステファン・ボディアン、松永太郎訳、PHP研究所、2009年)※内容は同じで訳が違います。

『覚醒への旅―瞑想者のガイドブック』ラム・ダス、萩原茂久訳、平河出版社、1980年

■悟り・非二元

『あなたの世界の終わり―「目覚め」とその〝あと〟のプロセス―』アジャシャンティ、高木悠鼓訳、ナチュラルスピリット、2012年

『大いなる恩寵に包まれて―苦悩の終わりについての洞察』アジャシャンティ、坪田明美訳、ナチュラルスピリット、2013年

『ポケットの中のダイヤモンド―あなたの真の輝きを発見する』ガンガジ、三木直子訳、ナチュラルスピリット、2012年

『気づきの視点に立ってみたらどうなるんだろう?―ダイレクトパスの基本と対話』グレッグ・グッド、古閑博丈訳、ナチュラル

スピリット、２０１４年
『存在することのシンプルな感覚』ケン・ウィルバー、松永太郎訳、春秋社、２００５年
『スピリチュアル・グロース』サネヤ・ロウマン、髙木悠鼓訳、中嶋慶太訳、マホロバアート、１９９４年
『わかっちゃった人たち 悟りについて普通の7人が語ったこと』サリー・ボンジャース、古閑博丈訳、ブイツーソリューション、２０１４年
『ただそのままでいるための超簡約指南』J・ジェニファー・マシューズ、古閑博丈訳、ナチュラルスピリット、２０１４年
『もっとも深いところで、すでに受け容れられている—普段の生活の中で根本的に目覚める』ジェフ・フォスター、河野洋子監修、坪田明美訳、ナチュラルスピリット、２０１５年
『あなたのストーリーを棄てなさい。あなたの人生が始まる。』ジム・ドリーヴァー、今西礼子訳、ナチュラルスピリット、２０１２年
『これのこと』ジョーイ・ロット、古閑博丈訳、ブイツーソリューション、２０１５年
『つかめないもの』ジョーン・トリフソン、古閑博丈訳、ナチュラルスピリット、２０１５年
『今ここに、死と不死を見る—自分の不死の中心を発見する』ダグラス・E・ハーディング、髙木悠鼓訳、マホロバアート、１９９７年
『顔があるもの顔がないもの—自分の本質を再発見する』ダグラス・E・ハーディング、髙木悠鼓訳、マホロバアート、２００３年
『なまけ者のさとり方』タデウス・ゴラス、山川紘矢・亜希子訳、地湧社、１９８８年
『アイ・アム・ザット 私は在る—ニサルガダッタ・マハラジとの対話』ニサルガダッタ・マハラジ、モーリス・フリードマン英訳、スダカール・S・ディクシット編集、福間巖訳、ナチュラルスピリット、２００５年
『恩寵の扉が開くまで—フーマンとの出逢い』フーマン・エマミ、天野清貴、アルテ、２００８年
『いま、目覚めゆくあなたへ—本当の自分、本当の幸せに出会うとき』マイケル・A・シンガー、菅靖彦訳、風雲舎、２０１０年
『ラマナ・マハリシの教え』ラマナ・マハリシ、山尾三省訳、めるくまーる社、１９８２年

『誰がかまうもんか?!―ラメッシ・バルセカールのユニークな教え―』ラメッシ・バルセカール、ブレイン・バルドー編集、髙木悠鼓訳、ナチュラルスピリット、2010年
『プレゼンス―第1巻　安らぎと幸福の技術』ルパート・スパイラ、溝口あゆか監修、みずさわすい訳、ナチュラルスピリット、2014年
『Journey into Now「今この瞬間」への旅―スピリチュアルな目覚めへのクリアー・ガイダンス』レナード・ジェイコブソン、今西礼子訳、ナチュラルスピリット、2010年

■心・身体・感情

『身体症状に宇宙の声を聴く―癒しのプロセスワーク』アーノルド・ミンデル、藤見幸雄訳、青木聡訳、日本教文社、2006年
『病とこころ―からだの症状と対話する』アルバート・クラインヒーダー、青木聡訳、コスモス・ライブラリー、2003年
『身体が「ノー」と言うとき―抑圧された感情の代価』ガボール・マテ、伊藤はるみ訳、日本教文社、2005年
『ユング心理学入門』河合隼雄、培風館、1967年
『影の現象学』河合隼雄、思索社、1976年
『ミドル・パッセージ―生きる意味の再発見』ジェイムズ・ホリス、藤南佳代訳、大野龍一訳、コスモス・ライブラリー、2008年
『「影」の心理学―なぜ善人が悪事を為すのか』ジェイムズ・ホリス、神谷正光訳、青木聡訳、コスモス・ライブラリー、2009年
『内なる子どもを癒す―アダルトチルドレンの発見と回復』C・L・ウィットフィールド、斎藤学監訳、鈴木美保子訳、誠信書房、1997年
『自分の感情とどうつきあうか―怒りや憂鬱に襲われた時』ジョン・ラスカン、菅靖彦訳、河出書房新社、1998年

『病気が教えてくれる、病気の治し方—スピリチュアル対症療法』トアヴァルト・デトレフゼン、リューディガー・ダールケ、シドラ房子訳、柏書房、2004年

■自分でできるエクササイズ・瞑想法

『自分さがしの瞑想—ひとりで始めるプロセスワーク』アーノルド・ミンデル、手塚郁恵翻訳、高尾受良訳、地湧社、1997年
『オレンジ・ブック—和尚の瞑想テクニック』和尚、めるくまーる、1995年
『実践インテグラル・ライフ—自己成長の設計図』ケン・ウィルバー、鈴木規夫訳、春秋社、2010年
『なまけものの3分間瞑想法』デイヴィッド・ハープ、片山陽子訳、創元社、2000年

■その他

『めざめて生き、めざめて死ぬ』スティーヴン・レヴァイン、菅靖彦訳、飯塚和恵訳、春秋社、1999年
『人をめぐる冒険』髙木悠鼓、マホロバアート、1998年
『クン氏のおだやかでラジカルな日常』松本東洋、アズ工房、1989年
『世界の中にありながら世界に属さない』吉福伸逸、サンガ、2015年

「スペースまほろば」のご案内

「スペースまほろば」では悟り・非二元の視点から心の癒しと目覚めのプロセスをサポートする活動を行っています。

対面での個人セッションは、境港では随時、東京と大阪では定期的に出張セッションという形で行っています。

スカイプ・電話を利用した個人セッションは遠方の方にお勧めです。癒しと目覚めの各段階に応じて必要な情報をお伝えする他、沈黙の共鳴、インナーボディや身体を感じる誘導瞑想なども行います。

東京・大阪・境港では「癒しと目覚めのお話会」などのグループセッションを定期的に開催しています。また、スカイプを利用したオンラインのグループも行っています。

詳細はホームページをご覧下さい。

スペースまほろば
http://www.amy.hi-ho.ne.jp/shinsaku/

ブログ「心の癒しと意識の目覚めのために」
http://spacemahoroba.blog134.fc2.com/

著 者 紹 介

中野　真作（なかの しんさく）

スペースまほろば代表。1965年、福岡県生まれ。鳥取県境港市在住。

23才のとき、身体をこわしたことをきっかけに最初の覚醒体験が起こり、人生観が変わる。そのときの苦悩の体験から「癒しと目覚め」が自分のライフワークになることを直感。その後、さまざまな意識探求のメソッドを学びながら内的探求を進める。

大学院修了後、一般企業で経理マンとして5年間勤める。退職後、1997年に「スペースまほろば」の活動を開始。現在は、個人セッションやお話会などを通して、スピリチュアルな目覚めをベースにした、苦しみからの解放と覚醒・悟りへの道をサポートしている。

「私」という夢から覚めて、わたしを生きる

～ 非二元・悟りと癒しをめぐるストーリー ～

著　者 中野　真作

発行日 2016年6月29日

発行者　高橋　範夫
発行所　青山ライフ出版株式会社
〒108-0014　東京都港区芝5-13-11 第2二葉ビル401
TEL：03-6683-8252　FAX：03-6683-8270
http://aoyamalife.co.jp　info@aoyamalife.co.jp

発売元　株式会社星雲社
〒112-0012　東京都文京区大塚3-21-10
TEL：03-3947-1021　FAX：03-3947-1617

装幀　溝上 なおこ
印刷／製本　創栄図書印刷株式会社

ISBN978-4-434-22031-9